思春期の子が待っている親のひと言

大塚隆司
otsuka takashi

SOGO HOREI PUBLISHING CO.,LTD

はじめに　「うちの子ってさっぱり分からない」となる前に

思春期の子育てをしていると、あなたもこんな思いに駆られたことがあるのではないでしょうか？

「子どもがどうしたいと思っているのかが分からない」

「私の何がいけないの？」

「どうしたら、ちゃんと話ができる関係になるの？」

これは思春期の子どもを持つ親に共通する悩みかも知れません。実際、大人にとって思春期の子どもはとても不可解です。

やったら怒られると分かっていることをなぜするのか？

どうして自分のことしか考えないのか？

なぜ人の話を聞こうとしないのか？

そんな疑問は尽きません。お母さんお父さんは、そんな悩みや疑問を持ちながら、思春期の子どもの力になりたいと努力をしているのではないでしょうか？

確かに、思春期の子どもと接するのはとても難しいです。なかなかこちらの言うことは聞きませんし、かと言って子ども自身も何をどうしたいのか分かっていない場合も多くあります。自分ではどうしたらいいか分からないけれども、大人の言うことも聞きたくないのです。

話し合っても埒が明かないので、「じゃあ、どうするの？」と聞くと「まぁ、なんとかなるんじゃない？」と、まるで他人事のような返事です。

結局、「もう勝手にしなさい」と放任してしまったり、「子どもだけでは解決できなそうで心配」と過干渉になってしまったり。子どもとの距離が離れすぎてしまったり、近すぎてしまったりする親子が多くあります。

そんなときに大切なのは、**お母さんやお父さんが話し方・接し方のバリエーションをたくさん持っていることです**。接し方のバリエーションがたくさんあると、**自立へのサポート**が上手にできるようになります。

バリエーションが少ないとすぐに行き詰ってしまいます。あれをしてもダメ、こうしてもダメ、「もう！　じゃあどうすればいいの？」と悩んでしまいます。

バリエーションを多く持っていれば、たとえうまくいかなくても別の方法を試す余裕があります。「どうすればいいの？」と悩むことがなくなるので、心が落ち着いて安心していられます。

親がどっしりと余裕を持って構えていると、子どもはそれを敏感に感じます。結果、子どもの心も楽になり、活き活きと輝き出すようになるのです。

子どもだけでは十分な対応ができないときは当然あります。そんなときは大人の力が必要です。ですが、下手に接すると、子どもは反発をします。「余計な手を出すな」と突っぱねられてしまいます。

そうならないためには、**子どもに通じる言葉で、子どもに伝わる方法で接することが必要**です。そうすれば、**子どもとの信頼関係が作られて、子どもの力になることができます**。

大人に比べ、子どもはとても柔軟です。お母さんとお父さんが子どもの心情と状況に合わせて接し方を変えてあげると、子どもの行動は変わります。子どもに合った接し方をすれば、対応はすぐに変わるのです。

「じゃあ、具体的にどうすればいいの？」

この本には、その具体的な接し方を書きました。

私は約10年間塾で働いて、１０００人以上の生徒ととても近い距離で接することができました。１０００人いると、本当にいろんな子どもに出会います。やんちゃ坊主もいれば、内気でおとなしい子もいます。

また、不登校の子、友達とうまくいかなくて悩みを抱えている子、両親とうまくいかずに塾で泣き崩れる子、リストカットが止められない子……。本当にさまざまな子がいます。このさまざまな子どもたちとどうやって接すればいいのか。

いたずらばっかりしてちっとも言うことを聞かない子どもに、どう接すればいたずらを止めることができるのか？　内気で、気弱で、何を聞いても反応のない子どもとどうやって会話をすればいいのか？　何を言っても反抗してくる生徒にどう対応すればいいのか？

塾に勤めはじめたころ、考えるのはそんなことばかりでした。

そして、心理学やコーチングを学びました。それまで知らなかったコミュニケーションスキルを身につけていくうちに、こちらがどう接すると子どもが変わるのか、ということが分かってきました。

最初はこうして見つけた方法を友人に話したり、講演会でお母さん方に話したりしていました。そうしたら、話を聞いた友人やお母さんが、自分の子どもに試してくれたのです。

「大塚さん、うまくいきましたよ。子どもが反抗してきても余裕を持って話せるようになりました」

「不思議です。まったく勉強しなかった息子が、私が何も言わないのに自分で机に向かっています。今までの私の苦労は何だったの?!　って気持ちです」

親との信頼関係を築けた子どもはやる気や自信を持てます。だから自然と勉強や部活動で能力を発揮しはじめるのです。

ここに書いた方法は、すべて私の経験から見つけたものです。実際に私が今、使っている方法です。

日々使っているものなので、それほど難しいものはありません。すぐにできる簡単なものばかりです。知ってしまえば「な～んだ、そんなこと？」と思うようなこともあるかもしれません。でも「そんなこと」でうまくいくときはいっぱいあるんです。

なぜなら、その「そんなこと」をお母さんやお父さんが投げかけてくれるのを、思春期の子どもは待っているからです。

「そんなこと」の積み重ねで、**子どもが素直に話を聞くようになったり、自分の将来に向けて前向きに勉強したり、悩みを話したりしてくれる**ようになります。思春期の子どもとよい関係を作ることができるのです。

親と子どもがよい関係を作れると、子どもはそれまでとは違う顔を見せるようになります。

「うぜー」「死ね」「ババァ」を連発していた中学生の男の子が、卒業時に「俺さぁ、もう親に迷惑かけるのやめるよ」と言うようになったことがあります。私が「ご両親に直接言わないの?」と聞くと、照れくさいのか「いや、親には言わない」と言っていましたが(笑)。

また、将来の目標を持っていなかった女の子が、母親の仕事の話を聞くようになって「私、お母さんみたいな看護師になりたい」と親を目標にするようになったりしました。同様に「父親の跡を継ぎたい」と言い出した男の子もいます。

たった半年の受験勉強でトップ私立中学に合格した女の子は、文字通り親子の二人三脚で掴んだ栄光です。そして、その子はその受験の経験から「やればできる」という強い自信を持つようになりました。

この本の方法がきっかけとなり、あなたが子どもと穏やかに、楽しく過ごせるようになり、子どもとの関係が素晴らしいものになったら、それほど嬉しいことはありません。

思春期の子が待っている親のひと言 ●もくじ

2章　子どもの困った行動を変えるひと言

3章 反抗期の子どもを叱るときのコツ

4章 10代の子どもと上手に会話する方法

装丁：MARTY inc.（後藤美奈子）
イラスト：石坂しづか
組版：横内俊彦

※本書でご紹介しているお話はすべて実話ですが、登場人物の氏名、学年、性別等の情報は、プライバシー保護のためすべて架空のものを使用しております。ご了承下さい。

序章　やってはいけない5つのポイント

私はなぜうまくいかなかったのか

　子育てセミナーや講演会を行っていると、よくこんな勘違いをされることがあります。大塚は子どもといつも仲良くやっていて、とてもうまく子どもに接することができるから、決して怒ったりしない、と思われるのです。

　そんなことありません。私だってうまくいかないことはいっぱいあります。「あぁ、また言っちゃった……」と、毎日失敗の連続です。この本に書いたいろいろな方法の影には、この2倍3倍4倍の失敗があります。その山のような失敗から生まれた成功を書いているだけなのです。

　この本の中にはそんな失敗の話も書いてあります。私たちは成功から学ぶことはもちろん多くありますが、失敗から学ぶことも同様に多くあります。

私がやってきた失敗から何かを得てもらいたいと思いますし、失敗からどうやって成功が生まれたかということも、ぜひ参考にしてみてください。

私自身を振り返ってみると、以前は失敗の連続でした。

優しく説得してもダメ。

厳しく怒鳴ってもダメ。

「すごいじゃん！　やればできるじゃん!!」とほめてもダメ。

「大丈夫！　君ならできるよ！」と励ましてもダメ。

ゲームの話をして、仲よく友達のように接してもダメ。

しばらく子ども自身に任せてみよう、と放っておいてもダメ。

何をやってもダメの連続でした。

ただ不思議なもので、そんな失敗がくり返されると段々コツがつかめてきます。何のコツかと言うと、「失敗するコツ」です（笑）。こうやったら失敗するのか、ということが分かってくるんです。

「今、こうしたら失敗するだろうな」「こう言ったらうまくいかないだろうな」という失敗するコツが見つけられるようになります。

その失敗するコツには大きく5つの共通点が見つけられました。そこから見えてきた「やってはいけない5つのポイント」をご紹介します。

【これだけはやってはいけない5つのポイント】

1. 理屈で説得する
2. 力を使う
3. 子どもをコントロールする
4. 子どもの気持ちを無視する
5. 子どもをできない存在とする

この5つのポイントは、まったく独立しているわけではありません。それぞれに重なり合う部分があります。

そして、この5つのどれかをしているとき、子どもとの関係がうまくいかなくなることが多いのです。

この5つのポイントをとても象徴的に表してくれる出来事が、ひとりの生徒との間で起こりました。香川浩介くんという男の子です。振り返れば、私はこの香川浩介くんと出会ったおかげで成長できたのかも知れません。

浩介くんは小学5年生から高校1年生までの5年間塾に通っていました。思春期がはじまり、それまでの大人と子どもの関係からだんだん大人と大人の関係に移っていく過程にかかわることができました。

この浩介くん、見た目も中身もドラえもんに出てくるのび太くんそっくりでした。クリッとした目をして、丸いメガネをかけていて、体型も髪形ものび太くんそのままです。

そして中身もとっても似てます。

約束が守れない。

何かとすぐに忘れる。

ぼーーーっとしている。

行動が遅い。

遊びに夢中で他のことを忘れる。

何度注意しても伝わらない。

やる気が見て取れない。


外見も中身も実年齢より2～3歳幼く見えて、塾の中では下の学年の生徒と仲良くしていました。性格はとってもやさしくて、何をするにしても悪気はまったくないので、先生たちからもとても好かれていました。


ですが、この浩介くん、私の頭をいろいろ悩ませてくれました。

たとえば遅刻です。毎回のように授業に遅刻してきます。

最初は私も怒ってはいけないと思っているので、冷静に話をします。

冷静に、遅刻はなぜいけないのかをかみ砕いて説明します。

その理由も、どう言ったら浩介くんに伝わるのか？　何を言ったら納得して遅刻をしないようになるのか？　いろいろ考えて、毎回変えて話してみます。

「遅刻すると、それだけ時間がもったいないでしょ。せっかく勉強して成績が伸ばせるのに、遅刻をするとそれだけ時間を損してるんだよ」

「一回一回の遅刻はたった10分かも知れないけど、10回集まれば100分だよ！　100分あればひとつの単元を終わらせられるんだよ」

と、時間の大切さを説いたり。

「先生も浩介くんが来るのを楽しみに待ってるんだよ。早く会いたいじゃん」

と感情に訴えてみたり。

「この遅刻した時間だってお父さんはお金を払ってるんだよ。この遅刻した15分にどれだけお金がかかってるか知ってる？　それが1カ月間でどれだけになるか分かる？　それだけあったら、何が買える？」

とお金の大切さを説明したり。

「時間通り来るっていうのは、時間の約束を守るってことでしょ。浩介くんだって約束を破られたら嫌でしょ。ちゃんと約束の時間には来ようよ」

と約束を守ることを強調したり。

でも、どれも効果がありませんでした。

そんなこんなが続くと、そのうちこっちもイライラしてきます。あるとき、そのイライラが爆発しました！

いつものように遅刻してきた浩介くんの胸元をつかんで、

「ちょっと来い！」

と、教室の外のベランダに連れて行きました。

「お前さぁ、やる気がないんだったら、もう帰れ！　もう来なくていいっ!!」

怒鳴りつけました。

さすがにそのときは浩介くんの心にも響いたようでした。いつもは何を言っても聞いているのか聞いていないのか分からない様子でぼーっとしているのですが、このときばかりは下を向いてうなだれています。

「みんな、真剣に勉強してるんだよ！　真剣に成績を上げようとしてるんだよ！　勉強する気がないんだったら、もう帰れっ!!」

私も段々ヒートアップしてきます。

とうとう浩介くんも泣き出しました。そして、ぼそっと言いました。

「ごめん……なさい」

その言葉が出たとき、私も涙が出そうになりました。

（ようやく分かってくれたか……）と、私も感情がこみ上げてきました。

「先生、ごめん。俺、頑張るよっ！」

この言葉が返ってきて、ガッチリ強く握手をしました。

「よし！　一緒に頑張るぞっ！」

と絆を強めました。

まるで青春ドラマの一場面のようです。

教室に戻った浩介くんは、見違えるように集中して勉強に取り組んでいました。

その様子を見て、やっぱり気持ちは伝わるんだ、と嬉しくなりました。


しかし……。


次のときには、また同じように遅刻してきました（笑）。

（ハァ～～～……）

もうため息しか出ません。

（お前、あの涙は何だったの？）

1．理屈で説得する

私の最初の失敗は、子どもを理屈で説得しようと思っていたことでした。正しいことを言えば分かってもらえると思っていたのです。

しかし、これは大きな間違いでした。多くの場合、子どもに理屈は通じません。理屈で言っても理屈が返ってくるだけです。

浩介くんが遅刻をしてきたときもそうでした。遅刻した浩介くんを呼び止めて、

「また遅刻したの？　遅刻したら授業の時間が減っちゃうでしょ！」

と注意をすると、

「はい。授業の時間が減っちゃうので授業に行かせてください」

と返ってくるのです（笑）。こう言われると、もう言い返す言葉がありません。

私は浩介くんが遅刻してこないように、授業時間が減るという理屈で説得しようとしたのですが、その揚げ足を取られてしまいました。そして、確かに浩介くんの理屈

も合っているのです。

理屈でのやりとりは双方の論点・価値観が合わなければ議論になりません。同じ論点・価値観を持っている人同士でしか議論は成り立たないのです。それは、高くても美味しい食事を取りたいと思うAさんと、味は二の次で安いほどいいというBさんでは議論にならないのと同じです。

Aさんがいくら美味しい食事に誘っても、Bさんは「で、いくらなの？　高けりゃ行かないよ」と言われてしまいます。

浩介くんとのやり取りも同じです。遅刻を続けるとこれからも授業時間が減ってしまうという論点で話をする私と、今この時の勉強時間が減ってしまうという論点の浩介くんとでは、当然議論にならないのです。

そして、往々にして大人と子どもの論点・価値観は違います。そんなときに理屈で議論をしようと思っても、虚しく空回りするだけです。

ただ、子どもと理屈で話をする必要がある場合ももちろんあります。本質を理解して次に活かしてもらいたい場合です。そんなときは、まず論点・価値観を合わせることからはじめる必要があります。浩介くんともそうでした。

「俺、浩介くんに遅刻してほしくないと思ってるんだけど、どうかな?」と隣に座って優しく話をはじめたとき、はじめて浩介くんが「俺もそうは思ってるんだけど、できないんだよ……」と本音を話しはじめたのです。

浩介くんも、遅刻したくないんだけれども遅刻してしまう自分が苦しかったのです。そのときから遅刻をしないために何ができるのかという話し合いができるようになりました。

2. 力を使う

理屈が使えないとなると、次に出てくるのは力です。この場合の力は、肉体的な力と精神的な力の両方の意味です。腕力を使って力づくで子どもを動かそうとする肉体的な力と、怒ったり脅したりして動かそうとする精神的な力です。

力を使うと何がいけないかというと、対立や衝突・反発が起こってしまうからです。街中でも、言うことを聞かない子どもに対して「早くしなさい!」と怒鳴っている親をよく見かけますが、私も同じことをしていました。

授業中におしゃべりをする子どもや立って歩き回る子どもに「静かにしろっ！」「授業中は座ってなさいっ！」と怒鳴り散らしていました。

怒鳴れば、確かにそのときは落ち着きます。ですが、子どもの中には反発心が生まれます。その反発心が少しずつ溜まっていき、いつか大きな衝突が起きてしまいます。

3．子どもをコントロールする

そもそも、なぜ理屈や力を使おうとするのかと言うと、子どもをコントロールしようとしているからです。コントロールとは自分の思い通りに子どもを動かそうとすることです。これがうまくいかない根本の原因です。

子どもには子どもの人格があり、感情も意思もあります。子どもに限らず他人をコントロールすることなどできません。そんなことは誰でも分かっています。

ですが、子どもに対してはそれを忘れてしまうことがあります。そんなときは子どもとの関係が崩れてしまいがちです。子どもをコントロールしようとするのですが、うまくいかなくて、結局イライラしてしまいます。

「それは分かっているけど、そうは言っても間違っていることは正さなきゃ。それが親の役目だもの」

その通りです。悪いことや間違っていることを教えて、正すのは親の役目です。ですが、そのときは子どもの気持ちを考えることが大切です。子どもの体を動かすのではなくて、子どもの気持ちを動かすのです。

4．子どもの気持ちを無視する

私が大切にしている言葉にこんな言葉があります。

人を動かすことは心を動かすことだ。――デール・カーネギー

誰かに何かをしてもらおうと思ったときには、「あれして」「これして」と体だけを動かそうとしてはいけない、相手がそれをやりたいと思うように心を動かさなければうまくは動いてくれない、という意味です。

これは大人同士なら、当然分かっていることです。

しかし、大人は子どもに対して、気持ちを動かさずに行動を変えさせようとすることがあります。子どもが小さなときはそれでも何とかなりますが、思春期になるとそれでは到底うまくいきません。

実のところ、私は浩介くんに対して、気持ちを無視して行動を変えさせようとしていたことがよくありました。よくしていたのが宿題に対してです。

宿題を忘れたときに、面談席に呼んで説教をします。説教をすることで宿題の大切さを理解させて、宿題をやってくるようにさせたいと思っていたのです。

しかし、浩介くんは知っています。宿題はやってこなければいけないということも、説教を聞いたからといって宿題をやる気になるわけじゃないことも。

だから、浩介くんは説教なんて聞く耳を持ちません。聞いたって浩介くんにとっては何のメリットもありませんから。

そんなときは、一生懸命に話をすればするほど空回りです。まったく浩介くんの心には届きません。

運がよければ、説教をされたくないがために数回は変化があるかも知れません。ですが、しばらくすればまた同じことがくり返されます。

「またか……」と思うと、虚しくなってきます。

しかし、少し視点を変えて、子どもの体を動かすのではなくて、心を動かすためにはどうすればいいのか。心を動かすためには何を言えばいいのか。そう考えると、子どもを見る目が変わってきます。

まず、子どもが今、何をやりたいと思っているのかに気づく必要があります。

そして、子どもはどうしてそれをやりたいのかを理解する必要があります。

その上で、どうすればその気持ちを動かすことができるのかを考えなければいけません。

今までと同じ視点で見ていたら、それはなかなか見えてきません。

と書くと、なんだかとても難しいことのように思われるかも知れませんが、そんなことはありません。簡単にできる方法をこの本には書いています。

ここに書かれている方法が簡単なのにうまくいくのは、体を動かすことではなくて、心を動かすことに焦点を当てているからなのです。

5．子どもをできない存在とする

子どもはいつも思っています。

「俺だってできる」
「私だってやれる」

大人はよくこう思います。

「お前にはまだ早い」
「あなたには無理よ」

大人からしてみれば、中高生はまだまだ子どもです。十分な力を持っていません。大人の言うとおりにしたほうが、いい結果を得られるのは目に見えています。もっとこうすればうまくいくのに、というアイデアを持っています。すべてを子どもに任せるにはまだ早いわけです。

子どもが失敗するのが目に見えているのに、見す見すやらせるなんてできません。無理なものは無理なのです。

子どもにしてみれば、自分は十分な力を持っていると思っています。自分なりの考え方で、自分なりの力を使えば、自分なりの成功を得られると考えています。

それは大人が生み出す結果から比べれば十分ではないかも知れません。ですが、子どもにしてみれば十分な結果なのです。

あるとき、浩介くんがめずらしく塾に定期テストの結果を持ってきました。案の定、あまりよくありません。数学は32点でした。

それを見て私は、「大丈夫！　次は頑張ろう！」と励ましました。

ですが、浩介くんの反応はそうではありませんでした。浩介くんの話を聞いてみると、浩介くんは32点に十分満足していたんです。

「今回は頑張ったもん！」と自慢気でした。

そうです、私は勝手に自分の尺度で浩介くんを見ていたのです。私の尺度でできるできないを判断していたんです。

しかし、それは間違いです。浩介くんは浩介くんの尺度を自分で持っています。その尺度で、できるできないを判断しているのです。私も浩介くんを判断するなら、浩介くんの尺度で見なければいけません。その尺度でできるできないを計るべきなのです。

そして、その子どもの尺度から見れば、すべての子どもはできる存在なのです。できる存在として子どもと接したとき、子どもは本当にできる存在になります。

私は、浩介くんを含め多くの生徒とのやりとりから、良好な関係をつくる様々な方法を見つけることができました。ひとつうまくいくと他にも新しい方法がある気がしてきて、いろいろ試したくなってきます。そうこうして試している内に、多くの効果的な方法を見つけることができました。

まったくやる気のない生徒をどうやってやる気を出させることができるのか。

反抗してばっかりで言うことを聞かない子どもにどうやって言うことを聞かせられ

るのか。

他事に気が散ってばかりで集中できない子どもをどうやって集中させるのか。

同じ間違いを何度も何度もくり返す子どもはどうやったら間違いを減らせるのか。

言い訳ばっかりする子どもにはどうやって対応すればいいのか。

無反応で、こちらの話を聞いているのか聞いてないのか分からない子どもにどうやって話を聞かせることができるのか。


この本には、子どもがよりよく成長するために、大人がどのように接することができるかを書いてあります。思春期に出会う大人は、子どもに大きな影響を与えます。そばにいる大人がどう接するかで、その子どもの10年後、20年後に大きな違いとなって表れるのです。


子どもが待っているのは、そんな成長へと導いてくれる親のひと言です。

その先にあるのは子どもの笑顔であり、喜びであり、充実した成長です。

そして、子どもの笑顔、喜び、成長からつながる、あなた自身の喜びです。

では、そこへつながる方法を次章からお伝えいたします。

1章

勉強のやる気を引き出すひと言

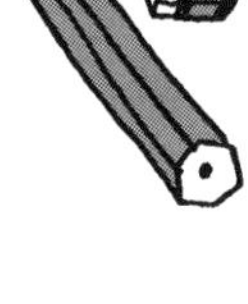

どうしたら子どもは勉強するのでしょうか？

「どうしたらうちの子は勉強するようになるんでしょう？」

塾に来られるお母さんからよく聞かれる言葉です。そして、その後にこんな言葉が続きます。

「うちの子、全然勉強する気がないんです」「勉強が本当に大っ嫌いなんです」「そもそも集中力がないんですよ」

そんな子どもを心配で見ていられなくて塾に来られるお母さんも多くいらっしゃいます。

ですが、私はあまりこういった言葉を信じていません。

なぜなら、こういった理由で塾に入ってくる子どもも、**大人が接し方を工夫すればしっかり勉強する気を出してくれるから**です。集中して勉強することでちゃんと結果

を出してくれます。

そして「先生、俺、数学が好きになってきた」なんて嬉しいことを言ってくれます。

私は仕事柄多くの子どもを見てきて、子どもは大人の接し方ひとつで進んで勉強するようになる、と確信しました。成績のよい子、自分から進んで勉強する子はその子自身が勉強に興味があることも大きく影響しますが、親の上手なかかわり方による影響もそれに負けないぐらい大きな力を持っているのです。

とはいえ、どうかかわれば子どもが勉強をするのか？　どういう言葉をかければやる気を出すのか？

テレビやゲームばかりに夢中で勉強しないとき、テストの結果が悪かったとき、勉強してもすぐにサボりはじめるとき、何を言ったらいいのか悩みます。

ガミガミ怒ったところで勉強するようにならないことは分かっているけれども、どうすればいいのか分からないので、結局また怒ってしまうという方もいます。

そんな悩みがなくなるように、この章では、「勉強しなさい！」とガミガミ言わなくても、子どもが進んで勉強するようになるための話しかけや接し方をご紹介します。

勉強をしない子どもは、どんなひと言を待っているのでしょうか。

気持ちを受け取ってあげると納得して勉強をはじめる

子どもからの質問で一番多く聞かれるのは、**勉強をしなければいけない理由**です。

塾の中にいると、

「何で勉強なんてしなきゃいけないのぉ？」

と、何度聞かれたことか分かりません。きっとお父さんお母さんの中にも同じようなことを聞かれたことがある方も多いと思います。

これ、お母さんやお父さんに聞いてみると、家庭によっていろいろな応え方が出てきます。

「いい学校に入るためでしょ」

「お父さんの仕事と一緒だ。子どもは勉強が仕事なんだ」

「勉強は自分のためでしょ！」

いろいろ工夫されて答えられています。どれももっともな答えですし、正解です。

しかし、「その答えで子どもは納得しましたか?」と尋ねると、多くの父母は「納得させられることはできなかった」と答えます。

なぜでしょう?

私も今までいろいろと考えてきました。手を替え品を替え、子どもに答えてきました。しかし、ほとんどの場合、子どもは納得しません。

「でも」や「だって」で返事が返ってきます。

「だって、いい学校になんて入りたくないもん。勉強大変だし」

「そんなに勉強しなくたって、今の自分でいいよ」

どう答えれば子どもは納得して勉強をしてくれるのか、考えても、考えても答えは見つかりませんでした。


それで少し考え方を変えてみました。

子どもが勉強する理由を聞いてくるときは、どういうときなのだろう——。

本当に勉強する理由が知りたいんだろうか——。

そう考えると、ひとつのことに気がつきました。

それは、子どもは勉強する理由を知りたいわけではないということです。勉強する理由が知りたくて聞いているわけではないのです。

では、なぜ聞いてくるのでしょうか？

理由は簡単です。勉強したくないからです。勉強したくないから、勉強しなくてもいい理由を見つけたいのです。その理由を見つけるために勉強する理由を聞いてくるわけです。

考えてもみてください。勉強に対してやる気まんまんで、「さぁやるぞっ！」というときに「何で勉強しなきゃいけないの？」などと疑問に思うことはありません。そんな事を考える前に勉強をはじめています。

つまり「なぜ勉強をしなければいけないのか？」そんなこと聞いてくるのは、勉強したくないからです。

ですから、そんなときに勉強する理由を言っても子どもは絶対に納得しません。なぜなら納得したらその時点で勉強しなければいけなくなってしまうからです。

では、どうやって答えたらいいのでしょうか？　私はそんなとき、

「知らな～い」

と笑顔で答えるようにしています。

子ども本当に知りたいと思っているわけではありませんから、答えてもしようがないのです。どんな素晴らしい答えを言っても、子どもはそんなものは求めていないのですから。

私が「知らない」と答えると、子どもも呆れます（笑）。

「なにそれ？　塾の先生がそんなんでいいの～？」

ダルそうに聞いてきた場合でも、挑戦的に聞いてきた場合でも、拍子抜けすると子どもは笑顔になります。

あえて「知らない」と答えることで、お互いが笑顔になって子どもとの壁がひとつ取り去られます。

ただし、そう答えた後が大切です。

子どもは「勉強したくない」と思っているわけなので、その気持ちは受け取ってあげないといけないのです。その気持ちを受け取らないと子どもは納得しません。

子どもは勉強したくないんだけれども、「勉強したくない」と言えないのです。

私たちが仕事をしたくないけど、「仕事をしたくない」と言えないのと同じです。家事をしたくないけど、「家事をしたくない」と言えないのと一緒です。

大人はそんなこと言ったところで仕事をしなきゃいけない、家事はやらなきゃいけないということぐらいは分かっています。だから、言わないのです。

子どもだって同じです。勉強しなきゃいけないってことくらい分かっているのです。だから「勉強したくない」とは言わないのです。

私たちは、子どもが健気に我慢している気持ちを受け取ってあげなければいけないのです。


「知らな～い」

と答えた後に、

「どうした？　勉強したくないの？」

と聞いてあげて下さい。そうしたら、子どもから返事が返ってきます。

「う～ん……、そういうわけじゃないんだけどさぁ……。部活もあるし、塾もあるしさぁ、疲れちゃうんだよね～」

子どもから本音が出てきたら、それをまた受け取ってあげてください。

「そっか、大変だね」

ストレスをためている子だと、その後もまだまだ続きます。

「今日なんてさ、体育大会の練習で4時間も立たされたんだよ。ありえないっ！」

ひとしきり十分に話を聞いた後に、聞いてあげてください。

「そっか。じゃ、どうする？」

そう問いかけると、ほぼ100パーセントの子が、

「うん、やる」

と言います。

安心してください。子どもは勉強しなきゃいけないってことは分かっています。安心して子どもの勉強したくないという気持ちを受け取ってあげてください。

お母さんに十分に気持ちを受け取ってもらえると、子どもは納得して自ら前に進んで行きます。

また、勉強以外のときでも同様です。子どもの気持ちを受け取ってあげることを最

優先してみてください。子どもが納得しないとき、どんなに説明をしても受け入れないとき、こちらの意見を認めようとしないとき、言葉で説得しようとするのをちょっと止めて、ただ子どもの気持ちを受け取ってみて下さい。

「そっかぁ、心配だよね～」

「そりゃ、腹立つねっ！」

「悔しいなぁ～」

子どもの気持ちを言葉にして受け取っていることを示してあげて下さい。

そうすることで、子どもは「自分の気持ちを分かってもらえた」と感じ、納得して進むことができるのです。

勉強しなければいけない本当の理由

子どもがただ勉強しなくてもいい理由を探しているときには、勉強をしたくないという気持ちを受け取ってあげることで、多くの子は再び勉強に戻ってくれます。

しかし、なぜ勉強をするのかを本気で考えて、子どもが本当に勉強する意味を悩んでいるときにはどう答えればよいのでしょうか?

かなり稀かもしれませんが、なぜ勉強をするのかを本気で考えて聞いてくることも、ないというわけではありません。

だから、そのときの準備として、私たちは勉強しなければいけない本当の理由を持っておく必要があります。

それはあなた自身の中に持っているもので大丈夫です。それぞれの価値観や経験から生まれたものなので、人それぞれ違います。ただし、答えてあげるからには子ども

に聞かれたから苦しまぎれで答えるようなものではなくて、大人に話してもいいほどの真剣な答えを目指しましょう。

親から真剣に答えてもらえたとき、子どもはそれを糧に学ぶ力を自ら養っていけるようになるのです。

どこかのタイミングで子どもに話すことがあるかも知れませんし、もしかすると一生話すことはないかも知れません。ですが、必ずあなたなりの考えを持っておいてください。

少し話がそれてしまいますが、参考までに私が持っている勉強する理由のひとつをご紹介したいと思います。

私は、**勉強は人生の天井を高くするためのもの**だと思っています。

たとえば、今住んでいる家の天井はどのくらいの高さがありますか？

もし、その天井がもっと低くて身長とあまり変わらなかったら、どんな感じがするでしょうか？

もっともっともっと低くてしゃがまなきゃいけないぐらい低かったとしたら、住みやすさはどうでしょうか？　天井が低くても生きていけないわけではありません。生活できないわけではありませんが、きっと息苦しいのではないでしょうか。

では、反対にもっと天井が高くて、会社や百貨店と同じぐらい天井が高かったらどうでしょう？

もっともっと高くて、一流ホテルのロビーと同じぐらいの高さがあったとしたら、どうでしょうか？　きっとのびのびと生活できるのではないでしょうか？　開放感があって豪華な感じがするかも知れません。

勉強も同じです。勉強をしなくても生きていけます。生活はしていけます。ですが、少し窮屈かも知れません。

勉強をすると知識と知恵が増えていきます。知識が増えると考えるための材料が増えます。知恵が増えるとその材料の使い方が増えます。使い方が増えるということは、よりよく生きるために選択肢が選べるということです。

多くの選択肢を持ってのびのび暮らすか、それとも少ない選択肢の中で窮屈に暮らすかは、勉強をするかどうかの違いです。

もちろん、それは子どものときだけではなくて、大人になってからも同じです。勉強しなければ天井は低くなっていきます。

「だから、お父さんとお母さんは毎日会社に行って、仕事っていう勉強をしているでしょ」

と、子どもには話します。


そして、私は思うのです。

勉強は自分のためにするもの……というだけではありません。

たとえば、今、あなたはこの本を読んで勉強をしています。書店で本を買い、時間を作って読書をすることで勉強をしています。これ、誰のためにしていますか？

自分のため、それはもちろんあるでしょう。

自分がよりよく生きるため、自分が成長するために勉強している。それはもちろんそうだと思います。

ですが、そのあなたの隣には必ず誰かがいるはずなのです。その人のために勉強をしているはずなのです。その多くはご自分のお子さんです。そして、旦那さん、奥さん、お友達、そんな人があなたの隣にはいると思います。

自分が成長することで、この子の才能をもっと伸ばせるんじゃないか、もっとこの子が成長するために力になれるんじゃないか、そんな気持ちを持って本を読まれているのではないでしょうか。

私の友人がこんなことを言っていました。小学3年生の子どものお母さんです。

「世の中には、私よりももっと息子とうまくやれる人がいると思う。もっと息子の力を伸ばしてあげられる人がいると思う。

でも、この子の親は私なんです。だから、私はもっと勉強しなきゃって思うんです」

そうなのです。勉強は自分のためだけにするものではないんです。

あなたの成長を待っている人がいるんです。

私自身がそのことに気がついたのは、もうずいぶん大人になってからでした。勉強をしなくても誰にも何も言われなくなっていました。

しかし、そう思うようになってから勉強に対する気持ちがまったく変わりました。勉強がしたくなりました。勉強することが楽しみになったのです。

学ぶことで人の役に立ちたい、と思うようになったのです。

もし、学生時代の私がそんな気持ちを持っていたとしたら。私の人生も変わっただろうなぁと思っています。

勉強は自分だけのためにするのではなくて、自分の周りにいる人のためにするものでもあるんです。勉強ってそういうものだと思います。

タイプ別の声かけで子どもは机に向かいはじめる

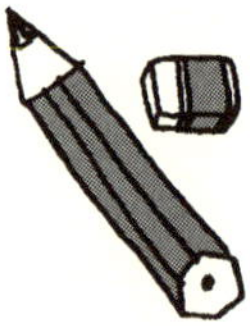

講演会をすると、参加していただいたお母さんからよくこんな質問をされます。

「うちの子、いつまで経っても勉強しないんです。何と言えば勉強する気になるんでしょうか?」

きっと、これは多くのお母さんが考えていることではないでしょうか。

結論から言ってしまうと、残念ながらそんな魔法のような言葉はありません。

これを言えば、どんな子どももたちまち勉強をする気になる。そんな言葉があったら、私が知りたいぐらいです(笑)。

しかし、それを見つける方法はあります。

それにはまず子どもがどんなときに勉強をはじめるのかを見つけることです。

子どもたちを観察していると、いろんなタイプの子どもを見つけることができます。

たとえば、締め切りギリギリになると勉強をはじめる子どもがいます。このタイプの子どもはたくさんいます。夏休みの宿題を8月末の最後の最後までため込んでするタイプです。

また、次の日に楽しみなことがあると勉強をするというタイプの子どももいます。次の日に楽しみなことがあると、その日はその楽しみに集中したいので、前の日までに勉強は済ませてしまいたいという子どもです。

別のタイプですと、その日に決められた分の勉強は必ずする子どももいますね。決められた分以上のことはしませんし、それ以下もありません。決められた分量だけをきっちりやります。

自分が決めた時間帯にする子もいます。いくら暇があってもそれより前の時間にはしませんし、その後に時間があってもしません。自分が決めた時間帯だけ勉強をします。

言われたらするという子どももいます。誰かに言われればやりますが、言われなければまったくしません。

逆に、気が向いたときにするという子もいます。気が向かなきゃしませんし、いつ気が向くかは誰にも分かりません。

テスト前になると勉強をはじめる子もいます。定期テストの前になるとテストに向かって突き進みます。そして、テストが終わるとパタッとしなくなります。

ここに書いたものはよくありがちな子どものタイプです。細かく見ていけば、もっともっといろいろなタイプがあります。

こういった、子どものタイプに合わせて声をかけてあげれば、子どもが勉強をする気になる言葉を見つけられます。

ギリギリになってやるタイプであれば、ギリギリまで待ってタイミングよく声をかければ、すぐにはじめます。

明日の楽しみを満喫したい子なら、明日の楽しみを魅力的に語ってあげれば勉強をはじめます。

決められた分量をする子なら、子どもと相談をして決められた分量を増やせばもっと勉強をします。

自分の予定通りにする子なら、予定の時間が分かっていれば、何も言わなくてもします。このタイプの子に「勉強の時間だよ」と言うと、「分かっているよ！」と言われ、逆効果になってしまうことがあるので、少し見守ってあげるのがポイントです。

言われたらする子なら、面倒くさがらずに言ってあげて下さい。こういう子の場合、お母さんからは「言わなくてもやってくれるようになって欲しい」と言われることがありますます。ですが、言ってもやらない子どもに手を焼いているお母さんからすれば、贅沢な悩みかも知れません。

気が向いたらやる子は、子どもが勉強に気が向いたときを見計らってほめてあげましょう。そうすれば、多少は気が向く頻度が増えるかも知れません。

テスト前にやる子には、テスト前に集中できる環境を作ってあげてください。焦らず、テスト前に集中させてあげてください。

そして、子どもが勉強に向かうのかどのタイプなのかを観察していると、同時に別の発見があります。

それは、子どもが嫌がる言葉が見つかるということです。この言葉を言うと、勉強をやらなくなるという言葉です。

たとえば、次のような言葉を投げかけられると、多くの子が勉強を嫌がるようにな

お子さんはどのタイプ？	こんなサポートが効果的！
締め切りギリギリになると勉強をはじめるタイプ	ギリギリまで待ってタイミングよく声をかければ、すぐにはじめる。
次の日に楽しみなことがあると勉強をするタイプ	明日の楽しみを魅力的に語ってあげれば勉強をはじめる。
その日に決められた分の勉強は必ずするタイプ	子どもと相談して決められた分量を増やせば、もっと勉強する。
自分が決めた時間帯にするタイプ	本人は時間を意識しているので特に何も言わず、少し見守ってあげるのがポイント。
言われたらするというタイプ	面倒くさがらずに言ってあげて下さい（笑）
気が向いたときにするというタイプ	子どもが勉強に気が向いたときを見計らってほめてあげると、気が向く頻度が増えていく。
テスト前になると勉強をはじめるタイプ	テスト前に集中できる環境を作ってあげる。

ります。嫌がるだけでなく、何事にも無気力になったり、子ども自身が自己評価を下げてしまったりするのです。

●**「△△くんは、やっているのに——」**・・・・・他の誰かと比べる言葉。
●**「いつも素直にやればいいのに——」**・・・・・嫌味になってしまう言葉。
●**「勉強したら□△してあげる」**・・・・・（お小遣いなどを使った）交換条件の提示。
●**「どうせやらないんでしょ」**・・・・子どもの人格を決めつけるような言葉。
●**「何を言ってもやらないんだから」**・・・・過去の出来事を踏まえた投げやりな言葉。

どんな言葉を一番嫌がるのかは子どもによって違います。大人でも、ある言葉に対し不快に思う人と思わない人がいるのと同じことです。
どういった言葉を投げかけときに子どもの自尊心が傷つけられてしまうのかを見つけられると、「あぁ、だからうまくいかなかったのか」と、今までうまくいかなかった理由が理解できます。

このように、やる気の出る言葉・やる気をなくす言葉は子どもによって違います。

子どもが待っているのは、自分に合ったひと言です。子どもに合わせた言葉かけをすると、子どもはそれに応えてくれます。そして、その効果は勉強だけにとどまりません。

お手伝い、部屋の掃除でも使えます。友達と遊ぶときでも、急いでいるときにも使えます。

子どもがやる気になる言葉・やる気をなくす言葉を見つけると、いろいろな場合で活かすことができますよ。

勉強している前提で接するとサボらなくなる

塾に通うお母さんからよく受ける相談のひとつに、集中力がなく子どもの勉強が続かないという悩みをよくお聞きします。

「うちの子、勉強が続かないんです。勉強しはじめたと思ったら、すぐにサボり出すんです」

という悩みです。

こういう子は塾の中でも同じです。塾に来たからといって人が変わったように勉強ができるようになるわけではありません。

塾に通う子どもたちの中には、親に言われて嫌々塾に通っている生徒もいます。

また、部活で疲れているから勉強に身が入らないというときもあります。そんなときはボーッとしていたり、ノートに落書きをしたり、ペン回しをしたり、見ていれば明らかにサボっているということは分かります。

私としては、そんなときでも勉強してもらわなければ困ります。勉強しなければ子どもの成績は上がりません。やる気の出ないときでも、気持ちを勉強に向かわせないといけません。

「ボーッとしてないで勉強しなさい」

「何してんの！　ちゃんと問題解きなさい」

と注意をすれば、勉強しはじめる子もいます。素直な大人しい子ならこれで大丈夫です。

しかし、少し反抗的な子はこれではうまくいきません。

「ちゃんとやってるよ！」

「今、考えてたところだったのに！」

と返ってきます。やる気のない生徒に限って、

「そんなん言われたらやる気がなくなった」

なんて言ってくるものです（笑）。

こんなとき、どう接すれば子どもの集中力を養うことができるのでしょうか？
そんなとき私は**やっているつもりで声をかける**ということをします。私の頭の中で、子どもが○○やっているイメージをして、それを前提に声をかけるんです。この場合なら勉強しているつもりです。

たとえば、子どもが勉強しないでサボっているとします。そのまま放っておくとサボり続けてしまいます。それではまずいです。

そこで、私の頭の中で、その子が今勉強をしていることに変えるのです。

「もし今、子どもが勉強をしているとして声をかけるなら、どんな言葉になるだろう？」と考えるわけです。どんな言葉になるでしょうか？


「頑張ってるね」「いい調子！」

こういった言葉に加え、私はよくこう聞きます。

「どの問題やってるの？」

すると、大概の子どもは適当に問題を指差します。「これ」と本当はやっていない

ので適当に言います。そうしたら、

「どう？　できる？」

と声をかけます。すると大抵、「う～ん……」と難しそうな顔をします。当たり前ですね、サボっていたので（笑）。

子どもの反応を見ながら、

「ちょっと一緒に解こうか」

と提案して、少し一緒に問題を解いていきます。一緒に解きながら、もう大丈夫だなと感じたら、

「どう？　後はできる？」

と聞きます。子どもが、

「うん、大丈夫」

と言ったら、後は任せます。

子どもが勉強をしているというつもりでこちらが接していれば、子どもは知らず知らずのうちにそれに乗せられちゃうのです。そして、そのまま勉強を進めていきます。

実はこういった手法は、大人でも使えます。

たとえば、年末の大掃除のときです。家族みんなで掃除をしますね。しかし、途中で必ずサボりはじめる人がいませんか？　マンガを読みはじめたり、遊びはじめたり。サボるのは子どもだけとも限りません。お父さんがサボっているなんてこともよくあります（笑）。

こんなとき、

「はいはいはい、ちゃんと掃除しなさい！」

「お父さん、何サボってんの！」

と、掃除をサボっていることを指摘されると大抵の人は、

「え?!　ちゃんとやってるよ！」

と反発してくるものです。

しかし、掃除をしているつもりで声をかけたらどうなるでしょうか？

「ねぇ、今、どこやってる？」

「ひとりでできる？　手伝おうか？」

すると、

「うん？　あぁ……、大丈夫……」

なんて言いながら、また掃除をはじめてくれます。衝突を生まずに掃除をしてもらうことができるのです。

ぜひ、試しに一度やっているつもりで声をかけてみてください。きっと面白い結果になると思いますよ。

子どもがテストで2点を取ってきたとき

次に、実際にテストで悪い成績を取ってきてしまった子どもに、どのように声をかけると自分から勉強に向かうのかを見ていきましょう。

1月中旬、生徒が定期テストの答案を持ってきました。

中学3年生の受験生・北村広大くんです。野球が大好きで、中学3年の夏まで野球一筋だった生徒です。いつも真っ黒に日焼けをしていて元気が溢れ出ています。

答案を見てみると、国語の点がなんと2点です！

正解がたったのひとつ！　しかも、当っているのも記号問題だけです。勘で当てたのがミエミエです。

当時は受験直前でした。私は「よりによってこの時期に2点って……、はぁ～

「……」とため息と一緒に力が抜けてしまいました。

いつもは明るくて天真爛漫な広大くんも、さすがにこのときは気まずそうでした。

「やっちゃったなぁ〜」という感じで落ち込んでいます。

広大くん、身体は私よりもずっと大きいくせに、気はちっちゃいんです。

「俺、高校行けるかなぁ？」

と、普段から不安な言葉を口にします。そんな弱音を聞いていると、

「だったら勉強しなさい！」

と言いたくなります。

そんな広大くんがたった2点の答案を持ってきました。

私はこの答案を見たときに、自分でも「何であんなふうに言えたのか？」と不思議に思う言葉を発していました。私は広大くんに向かって、こう言ったのです。

「国語の先生、採点するの楽だったろうなぁ。先生想いの答案だなぁ」

それを聞くと広大くんは、

「そうそう。それそれっ！」

と言い出し、いつものお調子者の笑顔に戻ったのです。そこで私は言葉をつなぎま

した。

「でもさ、たぶん国語の先生ももう少し歯ごたえがある答案のほうが、採点し甲斐があると思うんだよなぁ。何かできそうな問題はなかったの？」

「いや、この問題は当っていると思ったんだよなぁ。ちょっと待って」

と言いながら、近くにある机でテストの解き直しをはじめました。普段はテスト直しなんてまったくしない広大くんが、自分から進んでテスト直しをはじめたのです。なぜ急にテスト直しをはじめたのか、このときは少し不思議でした。

しかし後に、このときの接し方について何がよかったのかを考えてみたところ、分かったことは、**どんな結果であってもまず受け入れることが大切**だということです。そして、**何かよいところを見つけてほめて認めてあげること**です。

広大くんのテストを見たとき、私は答案を点数で評価せずに別の視点から見て、ほめていたのです。普通なら、答案は点数を見てほめるものです。でも、2点ではどう考えてもほめようがないですよね。

そこで、点数以外にほめられる場所を探し、答案を別の視点で見たのです。別の視点で見ると、他にもほめ方はあります。

「この答案を持ってきてくれた勇気が素晴らしい！」と隠さずに持ってきてくれたことをほめたり。

「テスト前あんなに頑張っていたのに、悔しいなぁっ！」とテスト前に頑張っていたことをほめたり。

もちろん、2点の答案をほめていいものかどうなのかという疑問はあるでしょう。しっかりと現実を見せるのもひとつの方法です。

「あのさぁ、このテストが受験にとってどれだけ大切かは前に話したよね。この時期に2点を取るってどういうことか分かっている？」

と、事の重大性を伝えるのもいいでしょう。

「おいおい！　この時期に2点はないだろう！　もう一度やり直してみろ！」

と叱ってもいいでしょう。それでもテスト直しははじまるかも知れません。

ですが、どちらが効果的なテスト直しになるかと言ったら、ほめられてからのテスト直しだと思います。なぜなら、**テスト直しをはじめるときのモチベーションが違うから**です。

怒られてテスト直しをはじめるのと、ほめられて調子に乗ってはじめるのとでは、やる気が断然違います。

事実、この後広大くんはテスト直しを終えて、

「やったぁ！　先生、できたぁ！」

と喜んで帰っていきました。そのとき広大くんは2点を取ったことなどすっかり忘れてましたね。

目標を立てるとやる気が変わる

目標を見つけると子どもはこんなに変わるのか！　と、私が塾に勤めて1年目のとき、そのあまりの変わりように驚いたことを覚えています。

もちろんそれ以前から、目標を持つことの重要性や目標を持つことによる気持ちや行動の変化は分かっているつもりでした。

ですが、頭で分かっていることと現実とではやっぱり違うのです。

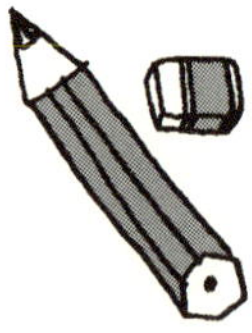

塾で一番多くその変化が起こるのは、夏休みです。

夏休みに中学3年生の子どもたちは高校見学や体験入学に出かけます。実際に高校の中に入り、空気に触れることで、「この高校に入りたい」と志望校を決める生徒も多くいます。

志望校という目標が固まると、勉強への姿勢はまったく変わります。

それまでは勉強のために来ているのか、寝るために来ているのか分からなかったような子どもが、ものすごい集中力を見せます。

こんなとき、やはり目標を立てることの効果を実感します。

しかし、残念ながらそんな子どもばかりではありません。

上村洋平くんはバスケットボール部に所属する中学3年生でした。

バスケットボール部に所属しているといっても、部活に熱中しているわけでもありませんでした。かといって勉強するわけでもなく、遊びまくっているわけでもない、何に対してもそこそこの力でこなしている子どもでした。

夏休みのはじめに志望校の話をしたときも「ん……？　別にどこでもいいよ」という気のない返事でした。

実際、いろんな子どもに接していると、そこそこの子どもを伸ばすのが一番難しいのです。そこそこの子どもは、そこそこでいることが心地好かったりします。よくもなくも悪くもなく、中くらいが丁度いいのです。だから、そこから抜け出そうとしません。

その洋平くんが変わったのは8月の下旬、夏休みも終わろうかというころでした。いつものように塾に来た洋平くんが私のそばに来て、「先生、俺でも○○高校に入れるかな?」と言うのです。洋平くんが特定の高校名を口に出したのはそれが初めてです。ですが、特に気合が入っているわけでもなく、いつも通りの普通の口調でした。高校名を聞いた瞬間、ちょっと厳しいなと感じました。洋平くんの実力からは、2ランク程上の高校だからです。これが夏休み前なら話は違います。夏休みに本気で取り組めばなんとでもなります。

ですが、今はもう夏休みも終わりです。時間がありません。しかも、いつもそこそこの洋平くんですから(笑)。

私の頭の中にはそんないろいろなことが浮かびましたが、まずはどうして洋平くんがその高校名を出してきたのかを知らなければはじまりません。

様子を伺いながら、「今から本気でやれば、洋平くんなら入れるよ」と当然のようにサラッと答えました。すると、「ほんとに?!」と洋平くんの声が少し大きくなりました。その反応からすると、本当に行きたいみたいです。「あったり前じゃん!」と

今から本気でやれば、
洋平くんなら入れるよ。

私が挑発すると、「えっ！　ほんと?!　じゃあ、やる！」と私を真剣に見つめてきました。洋平くんは本気でした。

その日からの洋平くんは変わりました。ほぼ毎日塾に来て勉強をします。授業態度も取り組む姿勢も、それまでとは比較にならないほど真剣です。もう、そこそこではありません。

後になって聞いてみると、その日はたまたまその高校に通っている先輩に偶然会って、高校の話を聞いているうちになんとなく行きたくなったのだそうです。まぁ、洋平くんらしい理由と言うか何と言うか……（笑）。

そしてもちろん、洋平くんはその春、志望校に合格しました。

子どもが目標を持つためのサポートは、大人ができる最大のサポートだと考えています。そして、それは大人にしかできないのです。

というのも、多くの子どもたちを見てきて思うのですが、**子どもは目標を立てることがとてもヘタです**。これは子どもならではの特徴です。

たとえば私たち大人は、目標を設定するときに「遠くの目標」と「近くの目標」を作ります。

たとえば、3000万円の家を買うとして、10年後までに頭金として1000万円を貯める必要があるとします。

10年後に1000万円貯めるので、1年間の貯蓄は100万円です。そして、5年後に500万円、10年後に1000万円貯まっていれば計画は完璧です。

3000万円のマイホームが「一番遠くの目標」で、10年後までに1000万円が「真ん中の目標」。1年後に100万円貯めるというのが、「近くの目標」です。

こんな当たり前のような目標設定が、子どもと話しているとなかなかうまくいきません。

渡辺勇太くんは野球部で頑張っている中学2年生の生徒です。偏差値65の高校を志望しています。

2月の模試が悪くて偏差値48でした。志望校との差が17です。この模試の結果にお父さんが怒りました！　かなりの剣幕で塾に電話をかけてきました。「これはどういうことですか！」と興奮しています。

私はお父さんをなだめて、次の日に勇太くんと3人で面談をする約束をしました。

この志望校は、勇太くんが自分で行きたいと言い出した高校です。

お父さんも勇太くんを志望校に受からせたい気持ちでいっぱいです。そのために、塾と協力して受験までの計画を立てることにしました。

受験は1年後です。計画的に考えると、1カ月に偏差値1・5ずつ上げていけば間に合います。お父さんと私はそのために何をしていけばいいかを考え、学習計画を立てました。

さて、ここまで話して勇太くんに尋ねました。もちろん、勇太くんもずっと一緒にいて、話も聞いています。

「勇太くん、次の模試の目標を決めたいんだけど、目標偏差値はいくつにする？」

このとき、何て答えたと思いますか？　これを聞いて、私もお父さんもビックリしました！

なんと、「65」と答えたのです（笑）。

65は志望校の合格偏差値です。いきなり偏差値を17も上げようというのです。

あまりの答えに私とお父さんは顔を合わせて苦笑いです。

「おいおいおい！　今まで先生と何を話してたのか聞いてたか?!」

とお父さんがツッコミました。

そう、勇太くんの頭の中には、現在地と最終目標しか見えていないのです。


子どもと目標を決めていると、こういったことはよくあります。決して勇太くんに限ったことではありません。多くの子どもにとって、目標設定に関しては大人のサポートが必要なのです。

ぜひ子どもと一緒に目標を立てて下さい。目標を立てることが、大人が子どもにできる最大のサポートです。

将来を語れない子どもとのコミュニケーション法

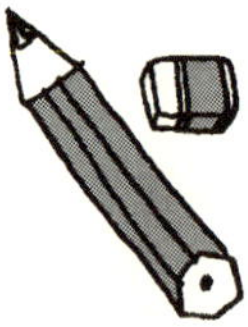

「将来、何になりたいの？」

「将来の目標は何？」

こう聞かれて、すんなり答えられる思春期の子どもはかなり少ないです。ほとんどの子どもはこう答えます。

「分かんな～い」

「知らな～い」

しかしこれは思春期だからというわけでもありません。現在、社会で働いている大人の中にも、こう答えていた子どもがそのまま大きくなっている場合もあります。そういう大人に同じ質問をすると、子どもに問いかけたときと同じような返事が返ってきます。

「何をしたいのかが分からないんですよ」

「やりたいことが見つからないんです」

これ、本当にやりたいことを持っていないのでしょうか？

私はそうではないと思っています。

分からない、見つからないというのは本当でしょう。ですが、持っていないというのは違うと考えます。


中学3年生の生徒・望月知里さんと、2月にこんな会話をしたことがありました。少し長い会話ですが、そのときの知里さんの変化を感じてもらいたいので、会話をそのまま書きます。

会話の中でポイントとなると言葉がひとつあります。それが何かを意識しながら読んでみて下さい。

高校の推薦入試には、自己推薦文が必要な高校があります。出願時に自分で自分を推薦する文章、自分をアピールする文章を書いて提出するのです。

知里さんは、日頃書き慣れない自己推薦文なるものを書こうと、苦戦しています。

ちなみに、私自身は小中学生のときは作文と名のつくものはすべて大っ嫌いでした。何を書けばいいか、まったく分からなかったのです。

知里さんが最初に見せてくれた自己推薦文も、何を書けばいいのか分からないんだろうなぁ、ということがひしひしと伝わってくる文でした。それは次のようなものです。

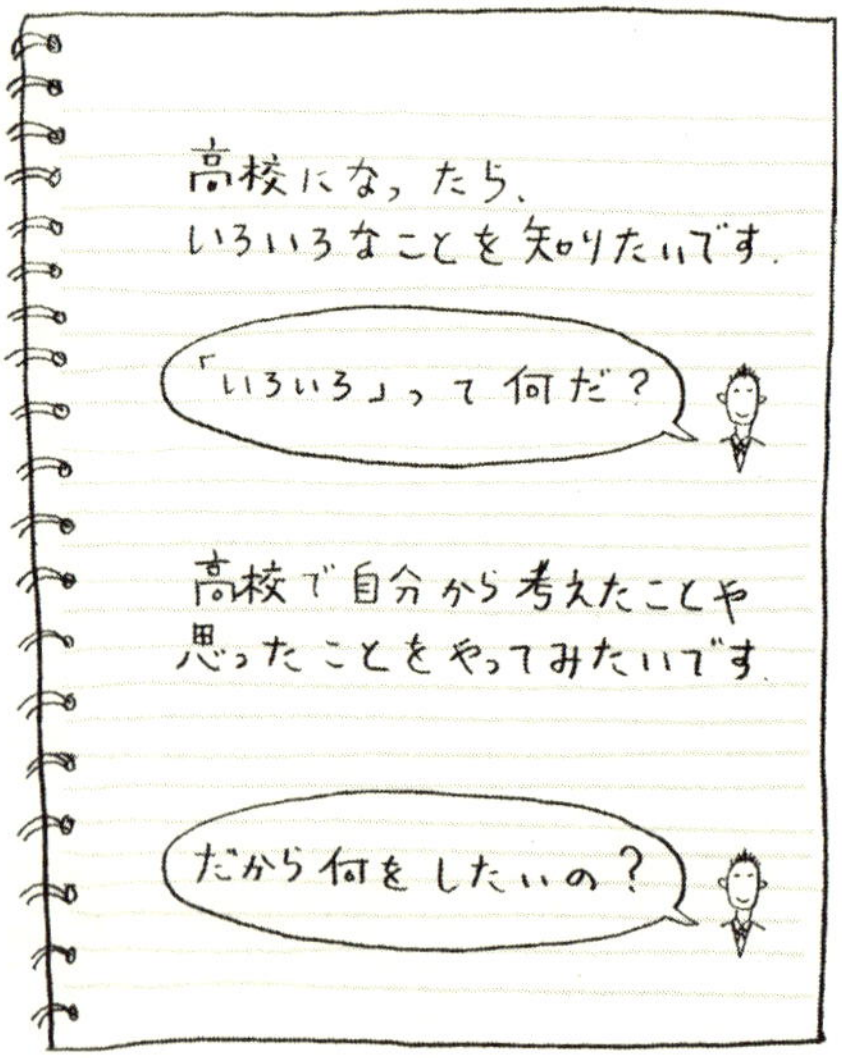
高校になったら、
いろいろなことを知りたいです。
「いろいろ」って何だ？
高校で自分から考えたことや
思ったことをやってみたいです。
だから何をしたいの？

抽象的すぎて、サッパリ分かりません。

こんなとき私は、子どもの頭の中を整理させてあげることを意識しながら、ゆっくりと質問をします。

知里さんは自分で書いた自己推薦文を見ながら、こんなんでいいのかなぁとちょっと心配そうです。

一緒に知里さんの自己推薦文を見ながら問いかけます。

「うん、いい推薦文だと思うよ。ねぇ、ちょっと質問してもいい？」

「うん、いいよ」

「ここにさ、中学で福祉のことを教えてもらったって書いてあるじゃん。そのとき、どんなことを感じたの？」

「そのとき、福祉のことをはじめて知ったの。それまでは何にも知らなかったんだけど、手話を教えてもらって、言葉が不自由な人と話ができたことが楽しかった」

「そっか、手話で、喋れない人と話ができたことが楽しかったんだ。それで福祉を勉強したいって思ったの？」

「うん」

「じゃあさ、福祉の勉強をして、どんなことができるようになりたいの？　どんなことができるようになるかな？」

「私、田舎におばあちゃんがいるの。おばあちゃんが肩や腰が悪くて不便にしているのを手助けしてあげたい」

「そっか、おばあちゃん、肩と腰が悪いんだね。ね、おばあちゃんを手助けしてあげられるようになったら、どんないいことがあるかな？」

「人に優しくできるようになったり、人の役に立つことができたり、困ってる人を助けてあげられたり」

　この辺りから、知里さんは自分の頭の中で、将来の自分の姿に対するイメージを持ってきているようでした。

「そっか、人に優しくできたり、人の役に立てたり、困っている人を助けてあげられたり、そういうことができるようになったら、どんないいことがある？」

「将来、立派な大人になるための基になる気がする」

「そっか、将来、立派な大人になるための基になりそうだね。ねぇ、知里さんにとっての立派な大人ってどんな人？」

「う〜ん……。与えられた仕事をきちんとこなす人。人に優しくできる心の広さを持っている人」

この言葉を言った瞬間、自分でも思ってもみなかった言葉が出てきて驚いたのか、ちょっとビックリした顔をしました。

私はその気持ちを落ち着けるように、ゆっくりまとめました。

「そっか、与えられた仕事をきちんとこなすってことと、人に優しくできる心の広さを持っているか、いいねぇ。じゃ、今話したこと、もう一度くり返すね」

私は、知里さんが話した内容をもう一度くり返し、「どう思う?」と再度問いかけました。

「うん、自分でも、思ってもみなかったようなことがいっぱい出てきた」

知里さんの顔が笑顔に変わりました。

「これ、まとめたら、自己推薦文書けそう?」

「うん、書けそう!　これ書く!」

「そっか、じゃ、忘れないうちに家に帰ってまとめておいで」

「うん!」

知里さんは元気にダッシュで帰っていきました。

こうして生徒と話をするたびに、子どもって言葉にできないものをいっぱい持っているんだなぁと感じます。いっぱいありすぎて、子どもも何があるんだかサッパリ分からないのです。だから「いろいろ」や「いろんな」という言葉に流されていくのでしょう。

それらの**「いろんな」「いろいろ」を一つひとつ明らかにし整理して、子どもに分からせてあげることが私たち大人の役割**なのかなと思うのです。

さて、この会話にポイントとなる言葉があると書きました。それは、

「どんないいことがあるかな?」

という言葉です。

どんないいことがあるかな？　と聞いてあげることで、子どもはその先を見ることができます。**自分がこれからやろうとしていることのその先にあるもの**、を見ることができるのです。

この知里さんの例で言えば、

手話を学んで、言葉が不自由な人と会話ができる
←その先に
福祉の勉強をする
←
おばあちゃんの手助けをする
←
人に優しくできたり、人の役に立てたり、困っている人を助けてあげられる
←
立派な大人になるための基になる
←
与えられた仕事をきちんとこなして、人に優しくできる心の広さを持っている人になる

という感じです。

私たち大人でも、急に「将来の自分の姿を想像してみて下さい」と言われてもなか

なか考えられません。頭がついていきません。

試しに身近な人へ「20年後、何をしていたい?」と聞いてみてください。きっと、明確に答えられる人のほうが珍しいと思います。

何十年も生きてきた大人でもそうなのですから、まだ十数年しか生きていない子どもに聞いても、答えられなくて当然です。

そんなときは大人がうまく聞き方を変えて導いてあげればいいのです。誰だって少し先のことなら想像もしやすいですし、考えれば答えられます。

少し先の積み重ねが将来につながっていくわけです。

「どんないいことがあるかな?」

と聞いていくことには、そんな効果があります。

そして、実はもうひとつ。この言葉には隠れた効果があります。

それは何かと言うと、**想像を〝いいこと〟に限定している**という点です。

「どんないいことがあるかな?」

と聞くことで、想像をいいことだけに限定して、悪いことの想像を止めているわけです。

もちろん実際に経験をしていけば、悪いことも嫌なことも起こってきます。いいことだけの人生なんてありえません。

しかし、**悪いことをいくら突き詰めても、夢や目標にはつながりません**。人生が暗くなっていくだけです。

そうであれば、いい想像だけに話を集中して、夢や目標まで導いていくことは決して悪いことではありません。

私たち大人ができることは、子どもの中に隠れているやりたい気持ちを見つけて、それをつなげていくことです。そのために、少し先のいいことをいっぱい想像させます。そしてそれらをつなげて、本当に子どもがやりたいこと、夢、目標が形になるようにサポートするのです。

目標に向かって勉強できるように導く3つのコツ

新年度がはじまるとき、私は受験生と進路相談をします。進路の希望や志望校を聞いたり、決まっていなければ一緒に考えます。

これは「これからは受験生なんだよ」という意識づけをさせるためです。

高校3年生の女の子・田中麻衣子さんは大学進学を希望していました。将来は看護師志望で、看護系の学校へ進みたいと思っています。

夢ははっきりしていますし、その動機も意思も強く持っています。

麻衣子さんは2年前にお父さんを病気で亡くしていました。お父さんの入院中、毎日のように病院に行き、お父さんを励ましていました。

ですが、お母さんと麻衣子さんは、家に帰るとこれから先のことが心配です。どうなるか分からない不安でずいぶん悩んでいたようです。お互いに気を遣って強気にしてはいますが、心が折れそうなときもあったようです。

そんなときに心を支えてくれたのが、看護師さんたちでした。明るく声をかけてくれて、真剣に相談に乗ってくれたことが心の頼りになったそうです。

そんな経験から、将来は看護師になろうと決めていました。看護師になって、病気になった人、その家族の人たちの支えになりたいと思ったのです。

麻衣子さんの話を聞いていると、看護師になりたいという意思が強く伝わってきます。芯の強い子なので、きっとしっかりした頼りがいのある看護師になるだろうなぁ、と想像も膨らんできます。

しかし、問題がひとつありました。学力がまったく足りないのです。

麻衣子さんの通う高校は、お世辞にも勉強のできる学校ではありません。進学する人は学年に数名。ほとんどが就職をします。

その高校の中でも、麻衣子さんは下から数えたほうが早いぐらいの成績です。

「高校に入ってから、まったく勉強してないもん」

と言う通り、知識は中学レベルで止まっています。

私からしてみれば、そうなればやることはひとつです。勉強をさせて、学力を上げさせることしかありません。

目標は決まっていますし、十分な動機も意思もあります。そうなれば、道は決まってきます。

看護師になるためには、看護学校に行くしかない。看護学校に行くには、今の学力では足りない。

勉強をして学力を伸ばし、看護学校に合格できるだけの力をつける。私にしてみれば、極めて簡単な理屈です。

しかし実際には、麻衣子さんは勉強をしませんでした。塾の中ではかろうじて勉強をしますが、家ではまったくしていません。麻衣子さんは勉強が大っ嫌いなのです。

そして、口から出るのは不満や文句です。

「こんなに（看護師を）やりたいって気持ちを持っているのに、何でなれないの？」

「私よりいい加減な気持ちでやりたいって言ってる子だっていっぱいいるのに！　何で?!」

麻衣子さんの言いたいことも分からなくはありません。

自分よりもいい加減な気持ちで志望している人が看護学校に受かって、真剣な自分が落ちるなんて、納得できない。

試験の点数では分からない、受験者の気持ちを見て欲しい――。

その気持ちは分からなくはありません。ですが、こうも言いたくなります。

「そんなに看護師になりたいんだったら、勉強すればいいじゃん。看護師になるための道も方法も分かっているんだから、それをすればいいでしょ。勉強すれば試験にだって受かるわけだし、そうしたら看護師にだってなれるでしょ。他の人はそうしてるんだよ」

ですが、残念ながらそんな正論を言っても伝わりません。そんなことは麻衣子さんだって知っていますから。言われても、右から左です。

ですから私は、麻衣子さん自身がやりたいと思うように、道筋を立てなければいけません。

その道筋は次の3つです。

1. 事実を伝える

2. 情報を整理させる

3. 選択肢を見せて、選ばせる

この３つを中心に接してあげることで彼女は変わりました。
次の節から、この３つを具体的にご紹介いたします。

事実を伝えて子どものやる気を引き出す

勉強の事実を伝えるのに一番便利なものは、模試の結果表です。模試の結果表には、点数、偏差値、合格判定、設問別○×表など今の実力を表すデータが載っています。

麻衣子さんとも、学校から返ってきた結果表を一緒に見ながら話をしました。

実は、事実を伝えるのはとても難しいときがあります。それは子どもが事実を受け入れたくないときです。事実を話したからといって、それを受け入れるとは限りません。

私たち大人でもそうですが、事実を受け入れるのには勇気がいります。特に、それが悪い事実であればなおさらです。

子どもに事実を伝えたときにこんな言葉が出たら、

・「でも」「だって」という言い訳

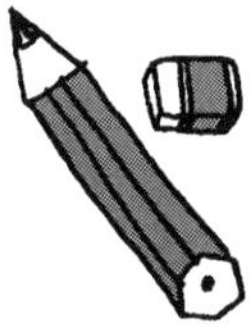

・「こんな結果、当てにならないもん」という否定の言葉
・「どうせ無理だから……」というあきらめの言葉

そのときは、その事実は受け入れられていないことが多いです。

麻衣子さんのときもそうでした。

「このときは体調が悪くて……」(言い訳)

「模試なんか受けても意味ないもん」(否定)

「こんなの無理っ!」(あきらめ)

まったく受け入れようとしません。聞いている途中、私もイライラしてきて、

「そんなこと言ってるから成績が上がんないんだよ!」

と何度言いそうになったか分かりません。

でも、それを言ったらおしまいです。反抗されるか、麻衣子さんをヘコませるだけです。

じっと聞きながら、

「そっかぁ……。どうしようね?」

と麻衣子さんの話を聞きながら、麻衣子さんに受け入れる余裕が生まれるのを待ち

ます。

麻衣子さんが、「まぁ、しょうがないか」とできない自分を受け止められたり、「やるしかないってことね」と開き直ったり、「ねぇ、どうしたらいいの？」と前向きの質問が出てきたら、受け入れられる余裕の出てきたサインです。

そうしたら、

「そっか、じゃあ、ちょっと一緒に考えようか」

と、話を次に進められます。

ここは、ある意味で**子どもと大人の根競べ**かも知れません。

事実を受け入れたくなくて抵抗をする子どもと、受け入れさせたい大人との根競べです。

大人が無理矢理に子どもに受け入れさせることはできません。もし、できたとしても、それでは子どもは次の行動にはつながりません。

子どもに受け入れるための心の余裕が生まれるまで、充分な時間を使って、納得して受け入れさせることが大切なのです。

このときの麻衣子さんもそうでした。

はじめのうちは弱気な言葉が出てきます。

「うわぁ〜、見たくない〜」

「最悪〜、ボロボロ〜」

「もうあとこれだけしかないのかぁ……」

「間に合うのかぁ?」

まだ受け入れる気持ちと受け入れたくない気持ちが揺れています。

表情も態度も甘えがあります。

ですが、一通り話して、受け止められてくると、気持ちが少し前に向きます。

「ねぇ、先生、間に合うかな?」

さっきまでとは口調が少し違います。表情もキリッと真剣です。

「間に合わせるしかないんじゃない?　あきらめる?」

「いや、あきらめないけど……」

少し間が空きました。麻衣子さんが自分の中で戦っている感じです。

もう一度聞きます。

「あきらめないけど？　どうする？」

しばらく下を向いて黙っています。そして、独り言のようにぼそっと言いました。

「やるしかないか……」

私も小さな声で、

「だね」

今度はこっちに顔を向けて、元気な声で言います。

「やるしかないか！」

「やるしかないねっ！」

と笑顔で答えると、麻衣子さんも満面の笑みになりました。

体の内側から元気が溢れてくるように、グングンやる気を出しています。

生徒と話をしていて、こういう瞬間が一番嬉しい瞬間です。

情報を整理して脳のリセットをさせる

子どもの頭の中は、いろんな情報がぐちゃぐちゃになって入っていることがよくあります。まったく整理されていません。

麻衣子さんの場合なら、模試の成績、単元毎の分析、合格判定、ボーダーまでの差異、受験教科、入試までの学習計画、問題集、進捗などの情報です。

それらの情報を整理して理解させてあげることが必要です。

「今、偏差値が32だよね。目標は47だから、あと15ぐらい上げたいね」

「入試には英語と国語と生物が必要だから、その三教科に絞ろうか」

「英語は夏までは文法と単語熟語を進めていこうね。夏明けは長文読解に移って……。国語は現代文しか出ないから、古文漢文はやらなくていいよ。ただ、漢字の配点が高いから、漢字は力を入れよう。読解は……。

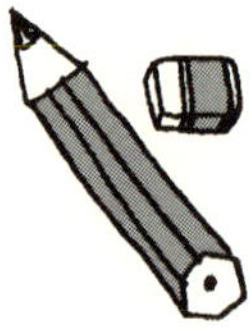

生物の遺伝は要注意だね。出題傾向を見ても毎年出題されてるし、麻衣子さんも苦手だしね。それと同時に……」

「じゃあ、英語の問題集は……。国語は……。生物は……」

「入試まであと9カ月だから、スケジュールを考えてみようか。今が5月だから……」


こう書くと、非常に専門的な難しいことを話しているようですが、実のところ、そうでもありません。

私も、塾に勤めはじめのころは大学入試の知識なんて微々たるものでした。今だって、知らないこともまだまだあります。

それでもなぜうまくやってこられたのかと言うと、

「そっか、じゃあ、ちょっと一緒に考えようか」

というスタンスで話しているからです。子どもと一緒に考えれば子どもは押しつけられたと感じることはありません。

分からなければ、

「テキストは何を使ったらいいのかな？」

と子どもと一緒に考えればいいのです。

自分で考えて自分で作った計画は、とっても魅力的な計画です。それを見つけられたとき、大きなやる気が生まれるのです。

子どもに選択させ達成感を実感させる

目標が見つかりやる気も出てきたら、次に必要なのは具体的に何をするかです。

とはいえ、具体的な話になると、

「分かんな〜い」

という返事が返ってくるのは、多くの子どもたちの共通点かも知れません。

考えることに慣れていないせいもありますし、考えても本当に分からないこともあります。

そんなときは大人のサポートが必要になります。

しかし、だからといって私たちが一方的に考えてやらせたくはありません。

子どもには**自分で決めたと思ってもらいたいから**です。

他人が決めたことと自分で決めたこととでは、取り組む意欲がまったく違ってきま

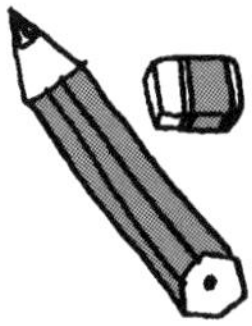

す。

自分で決めたことをやるからこそ、達成感を実感できるのです。

子どもの中から答えが見つからない場合は、こちらがいくつかの選択肢を作ります。そして、その中から子どもがやりたいと思うものを選んでもらいます。

そうすれば、最終的に選んだのは子どもです。子どもは自分で決めた方法で前に進んで行きます。

やる気満々になった麻衣子さんとも、話は具体的になっていきます。

「じゃ、何からはじめる？　英語？　国語？　生物？　同時に全部はじめるって手もあるけど」

「う〜〜〜ん、最初は英語かなぁ。配点も高いし」

「そうだね、じゃ、英語からはじめようか。一日どれくらいできそう？　8ページぐらいは進められる？　10ページいける？　一日10ページできたら、後が楽だよね」

「8ページぐらいかなぁ〜。でも、休みの日はもっとできるかも」

「よしっ！　じゃ、平日は8ページずつで、休みの日はもう少しやろうか。そうしたら、7月中には全部終わりそうだね。単語熟語はどうする？　同時に進められる？」

「うん、やる。あっ、でも最初は単語だけにしようかな。あんまり同時にやると嫌になりそうだから（笑）」

「おっ、なかなか読みが深いじゃん（笑）。じゃ、単語はどれぐらいのペースで進めようか？」

「う〜〜ん……、学校の行き帰りの電車の中でやるから、10ページぐらいずつかな。一日20ページぐらい」

「うん、いいペースだね」

このように、私が選択肢を見せる↓麻衣子さんが選ぶ↓私が選択肢を見せる↓麻衣子さんが選ぶ、といった順序で話を進めていきました。

実は、このときは入試までに残された時間が少なかったので、麻衣子さんの言うように英語、国語、生物と順番に進めていく余裕はありませんでした。同時に三教科はじめなければ間に合わなかったのです。

ですので、この後少しだけ私が誘導をして（麻衣子さんには内緒ですが）、結局三教科同時にはじめることになりました。

そして、麻衣子さんの夏の頑張りもさることながら、入試直前には怒濤の追い上げを見せ、無事志望していた看護学校に入学できました。

もちろん、すべてがこのようにうまくいくわけではありませんし、ここで決めた計画通りに最後まで順風満帆に進むわけでもありません。

ですが、目標と行動をつなげるために、大人ができることは道筋を作ってあげることです。そして、道筋を作るために必要なことはこの3つです。

1. 事実を伝える
2. 情報を整理する
3. 選択肢を見せて、選ばせる

子どもたちの多くは物事をとても抽象的に捉えています。具体的に自分がどの位置にいて、何を持っていて何が足りないのかを認識していません。

そのため、何をしていいかが分からないのです。

そして、分からないというのは考えられないのではなくて、考えるために必要な情報を持っていない（もしくは、持ってはいるけれども認識できていない）ケースが非常に多いのです。

そんなとき大人がしてあげられることは、子どもが考えるために必要な情報を分かりやすく整理して伝えてあげることです。

そして、一緒に考えてあげることです。

子どもが自分で理解して、自分で考えて、自分で決めたとき、自分の力でやる気を出し、行動を起こします。そのときの力は本当に力強いものです。

目標を立てることに抵抗がある子には

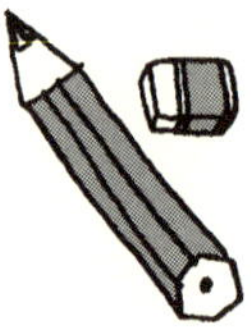

目標と行動という観点から人を見てみると、人って面白いなぁと思うことがあります。

たとえば、ダイエットしたいと思っているのに、なかなかはじめられない。タバコを止めようと思っているのに、なかなか最後の一本の決断ができない。お酒を止めよう（減らそう）と思っているのに、なかなか減らせられない。これ、不思議だと思いませんか？　本人はそうしたいと思っているのに、本人がそこに向かえないのです。以前の私はこれがとても不思議でした。

やりたいならやればいいのに。やらないってことは、本当にやりたいとは思ってないってことでしょ？　昔の私はそう思っていました。でも、実はそうでもないのです。本当にやりたい。でもできないってことがあるのです。

そんなときは、目標に向かう自分を邪魔するものを、自分の中に持っていることが多くあります。それを見つけて対応（退治）することで、すんなり目標に向かうことができるようになるのです。

高校3年生の斉藤真之介くんもそんな状態でした。

真之介くんは、授業中の姿勢を見ていると、先生の話をしっかり聞くし、自分のこともちゃんと考えている、とても優秀な生徒です。

まだ将来何をやりたいという具体的な目標はありませんが、大学に行きたいという意志は持っています。大まかではありますが、将来の自分の方向性も持っています。

しかし、何か躊躇している感じがしていました。純粋に目標に向かわせない何かが邪魔をしている感じを受けました。

春の三者面談のとき、大学受験のこと、将来のこと、勉強のことを話していく中で、真之介くんがこんなことを言いました。

「なんで17歳で、もう将来のことを決めなきゃいけないんだよ」

そうかっ！

このとき分かりました。

真之介くんは「決めること」に対して抵抗があったのです。17歳の若さで、もう進路を決めなきゃいけないことから逃げたかったのです。これで納得できました。

決めると、やらなければならないことが増えます。その分、制限が増えて、自由がなくなります。だから、決めたくなかったのです。

そして、もっと話を聞いていくと、決めてしまえば楽になるということも知っていました。

決めると、やることが明確になるので、あれこれ考える必要がなくなります。だから、あとはやるだけです。気持ちが楽になります。そのことも真之介くんは分かっていたのです。

そこまで分かっているならさっさと決めればいいのに、と私もお母さんも思ってしまいます。ですが、真之介くんには真之介くんの心の葛藤があります。

私は「真之介くんは決めることから逃げたがっているんだ、決めることがこの子の行動を邪魔しているんだ――」、と分かったので、そこに話の焦点を絞ることにしました。

ただ、逃げたがっている子を追い込むと、その子は余計に逃げたくなるので、最初は受け入れることからはじめました。

「そうだよね。まだ17歳で決めなきゃいけないっていうのは、ちょっと嫌だよね。だから、別に今決めなくてもいいと思うよ。

先生という立場から見ると、受験に成功させたいからね。受験はもうあと1年もないわけでしょ。そう考えると、1日でも早くはじめて欲しい、っていう気持ちは、正直に言うとあるけどね。でも、決めるのは真之介くんだから、無理に今決めなくてもいいよ」

「ふ〜ん……」

そうは言われても、今決めたほうがいいということは、真之介くんも分かっています。ですから、「今決めなくていい」と言われても、少ししっくりこない表情をしています。

次は、今までしてきた「決めたこと」を伝えました。

「でもね、今までも、真之介くんが決めていることって、いっぱいあると思うよ。たとえば、今、塾に来てくれてるでしょ。これも、自分で決めたことじゃない？　自分で、このままじゃヤバイって思って塾に行こうって決めたんだよね。来たくなかったら『やっぱりやめる』って、断ることもできたわけだから」

「ふ〜ん」

「高校に行くってこともそうじゃないかな？　高校は義務教育じゃないんだからさ、高校に行かないっていう選択肢だってあったわけでしょ。中学3年のとき、行かないっていう選択肢があることを、真之介くんが知っていたかどうかは分からないけど」

「高校に行かなくてもいいってことは知ってた。でも、高校は行かないと、って思って」

「そっか、じゃ、そこは自分で決めたんだ」

「うん、自分で行けそうな高校を探して、決めた」

「そうだよね、たぶん他にも、そうやって自分で決めていることっていっぱいあると思うよ。あんまり意識してないだけでさ」

「そうかも」

少し表情が明るく元気になってきました。顔も上を向いてきました。

もう、決めることに関しては抵抗がなくなった感じです。

「それでね、今、２つの選択の道がある」

紙に道の絵を書きながら、

「こっちの道が、勉強をしないで、楽に進む道。

こっちが、今から勉強を一生懸命はじめて、苦労する道。

どっちを進んでも、大学には行けると思う。今は大学だっていっぱいあるからね。

名前さえ書けば入れるような大学だってあるから。真之介くんは、どっちに進みたい？」

「う～ん。やっぱ、勉強はしないといけないとは思うから……」

「そうだね。確かに、勉強って今しかできないことだからね。ただね、今の授業の様子を見ていると、正直英語はかなり厳しいと思う。まだ、中学レベルの英語が理解できていないから、まずそこからはじめないといけない。

でも、大学受験に間に合わせなきゃいけないから、ゆっくりやっている余裕もないでしょ。だから、夏までには中学の総復習を終わらせて、夏からは大学受験用の勉強をはじめないといけない。そうすると、４カ月で中学3年間の復習をしないといけない。これはけっこう大変だよ。できる？」

私はこういうとき、覚悟を決めて欲しいので、かなり厳しいことを言います。その覚悟がずっと続くわけではないですが、やるからには覚悟を決めて欲しいと思っています。**覚悟を決めてはじめた生徒と、親に言われるままはじめた生徒では、成果がまったく違うから**です。

「うん。若いときの苦労は買ってでもしろっていうしね」

「そっか、分かった。真剣に答えてくれてありがとうね。たぶん、お母さんも、そっちに進んで欲しいと思ってると思うよ」

「じゃあ、もう少し具体的に話をしようか……」

と、この後、具体的な学習方法の話に進んでいきました。

子どもは、自分がどの道に進んだらいいかは分かっています。自分が進みたい道はどれなのかも本当は知っています。しかし、同時に、それを「邪魔するもの」も持っている場合があります。真之介の場合は、「決めること」でした。

そういったときに、私たち大人ができることは、その邪魔するものに気づいてあげて、それを乗り越えさせるサポートをすることです。

そうすることで、子どもは自分の力で前に進むことができます。

真之介くんは、この日からものすごい勢いで勉強をはじめました。宿題も出された量の倍ぐらいの量を自分で進めていきます。

私が考えていたよりも早いペースで計画が進んでいます。見ていると、本当にやる気に満ちている感じです。春先のへにゃへにゃした表情ではなく、キリッとした表情で、塾に通っています。

最初の一歩は誰でも勇気がいります。不安や恐れは誰でも持っています。

塾に通う生徒の中には、目標を口にすることすらためらう子どももいっぱいいます。それは**目標を達成できなかったことを責められたり、失敗がかっこ悪いと思っているから**です。

そして、そんな気持ちが目標へ向かうことを邪魔したりします。

そんな邪魔するものを見つけて、それを乗り越えさせてあげるのも、大人ができる大切なサポートです。

2章

子どもの困った行動を変えるひと言

やめて欲しい行動を減らし、増やして欲しい行動を増やす対応

以前の私と今の私とを比べて、一番大きく違う点は子どもに接するときの大切なルールを見つけた点です。子どもたちへの対応に関しての3つのルールです。そのルールの中で、私は子どもに接しています。

どんなルールかと言うと、次の3つです。

1．絶対に許されない行動に対しては、キッパリと止める
2．やめて欲しい行動に対しては、相手をしない
3．増やして欲しい行動に対しては、ほめる

1の絶対に許されない行動に対して、大人は断固たる態度に出なければいけません。**「ダメ！」とキッパリと止める**必要があります。これは絶対にしてはいけない、とい

うことは体を張ってでも止めなければいけません。

2のやめて欲しい行動に対して。これは**相手をしない、無視をする**がポイントです。

そして3の増やして欲しい行動に対しては、**ほめる**。


こうして3つに分けると、1と3の許されない行動と増やして欲しい行動に対しては「まぁそうか」と思われるでしょう。しかし、2.やめて欲しい行動に関しては「え？」と不思議に思われるかも知れません。

どうして、相手をしない、無視をする、なのか？

これを説明するために、子どもの行動心理を考えてみましょう。


子どもの多くは、大人に相手をして欲しい、大人にかまって欲しいと思っています。そうすると、叱るもひとつのかまうという行動になるのです。下手に叱ると面白がってその行動を増やしてしまいます。

こんな経験はありませんか。「やめなさい！」と叱っているのに、いつまでも同じことをくり返す。こっちが叱っているのに、ヘラヘラしていてちっとも堪えない。

叱れば叱るほど調子に乗って何度でもくり返してくる、という経験です。

塾の中ではこんなことがあります。他の生徒にちょっかいを出して勉強の邪魔をしたり、先生に消しゴムを飛ばして授業の邪魔をしたりとか。

こんなときに「ちょっとやめなさい！」と注意しても、あまり効果がありません。「は～い」と返事をするだけで、一向に止まりません。

こんなときは一切相手にしないことです。子どもが消しゴムを投げてきても、何事もないかのように授業を進めます。

そして、子どもが消しゴムを投げるのに飽きて、勉強をはじめたら「おっ、頑張ってるじゃん！」と声をかけます。

やめて欲しい行動に関しては、相手をしない、無視をする。そうすると、そのうち本人もつまらなくなるので、行動が減っていきます。

そうは言っても、無視するだけで本当にやらなくなるの？　と思いませんか。

最初、私はそう思いました。そもそも、いらないことをするのが子どもであって、こっちが止めなきゃやめるわけがないと思っていました。だから、いつも注意していました。

「それダメ！」

「それ触らないで！」

「そういうことしないでって言ったじゃん！」

でも、止まらないんです。だから、疲れます……。そんなときにとても印象的な出来事が起きました。


私の塾は、教室内はスリッパ履きです。塾に入ってきたら、スリッパに履き替えます。スリッパは、下駄箱の上にあるカゴに2つ重ねて、立てて、揃えて入れてあります。そこから取って履き、帰りはまたそのカゴに戻します。

スリッパは、私が毎日きちんと揃えていますが、生徒、特に男の子は揃えて入れるなんてことはまずしません。適当にポイッって投げ込んじゃいます。

最初、私はそれを注意していました。

「ちゃんと、揃えて入れてあるんだから、揃えて入れなさい！」

でも、そう言うと、喜んでムチャクチャに入れます。中には足で投げ入れる子もいます。それを毎回毎回「コラッ！」と怒っていたのです。

しかし、あるとき「これは違うんじゃないか」と気がついたのです。やめて欲しい行動だったら、無視したほうがいいのかもしれない、と。

それから、生徒に対する言葉かけを変えました。ポイッと投げ入れる生徒には何も言わずに、ちゃんと揃えて入れてくれた生徒にだけ「ちゃんと入れてくれて、ありがとうね」とお礼を言うようにしたのです。

もちろん、それでも投げ入れる生徒は、相変わらず投げ入れています。でも、相手をしません。ひたすら、無視です。

念のため、誤解のないように書いておきますが、無視をするのは減らしたい行動に関してだけです。今回の例では、無視をするのはスリッパを投げ入れることに関してだけです。

ですから、教室に来たとき帰るときは挨拶をしますし、教室内では真面目な話もバカな話もいつも通り接します。

言葉かけを変えても、結果はすぐには表われてきませんでした。無視するという方法に変えてみても、投げ入れは止まりません。まったく変わらないんです。

そうなると、自分の判断が正しかったのかとだんだん不安になってきます。

「これで本当にいいのかなぁ？」

「これで本当に減るのかなぁ？」

見ていると、どう見ても楽しんで投げ入れているようにしか見えません。わざわざ遠くのほうから投げ入れて、カゴから外れるのを楽しんでいます。

「楽しんでやっているんだったら、放っておいたらいつまでもやっているんじゃないの……？」と不安になりました。

我慢している時間って長いです。本当に永遠に続くんじゃないのかと思うぐらい長いです。

しかし、そうこうしているうちに、なぜその子がそうしたのかは分からないのですが、いつもはポイッと投げ入れていた子が、あるときちゃんと手で入れていたのです。

私はそれを見つけて、すぐに下駄箱まで行き、

「あっ、ありがとう助かるよ」

と声をかけました。加えて、

「こうやって綺麗に揃っていると気持ちいいよね」

子どもは何の反応もせずに帰って行きました。私もそれ以上は何も言わず、

「はい、さよなら、またね」

と、いつものように見送りました。

そうしたら変わったのです！

次の日も、その次の日も、ちゃんと手で揃えて入れるんですよ！　その子が！

そのとき、「あぁ、やっぱりこれでよかったんだ」と実感しました。


これは私が実際にやってみて気がついたことなのですが、相手をしないといっても、まったく相手をしないで無視すればいいわけではありませんでした。


相手をしていないときも子どもを観察している必要はあるのです。子どもが今何をしているのかを見ていて、子どもの変化に気がつかなければいけません。

そして、やめて欲しい行動をやめたときに、タイミングよく声をかけることが大切

ありがとう！

なのです。

そのとき子どもに**「いつもあなたを見ているよ」という温かなメッセージ**が伝わります。だからこそ、相手をしないで無視をすることが活きてくるのです。

また、増やして欲しい行動をしたときにはほめるというのも、意外に難しいときがあります。

塾にはサボり虫の子がいます。塾をよくサボります。週に2回授業が入っていても、そのまま来たためしがありません。よく来て1回。まったく来ないこともままあります。そんな子が2週間ぶりに教室に来るわけです。

そんなとき、こちらとしては
「何してたの?!」

と言いたくなります。

「そんなんだから勉強できないんだよ?　ちゃんと授業に来なさいっ」

と注意したいです。

しかし、この子の行動をこの3つのルールに当てはめてみると、2つに分けることができます。
・塾の授業をサボっている↓これはやめて欲しい行動↓相手をしない
・塾の授業を受けに来た↓これは増やして欲しい行動↓ほめる
ということは、ここはほめるポイントです。

この子の立場になって考えてみれば、この子は2週間もサボってそれで塾に来たわけです。毎回ちゃんと来る子よりもよっぽど勇気がいります（笑）。

だから、まず来たことに対してほめて、塾に来ることを促してあげます。

「おっ！　よくきたな。お前がいないと面白くないんだって」

そうすると、この子はいつでも安心して教室に来られるようになります。すぐにサボりはなくならないかもしれませんが、少なくとも来ることに対して抵抗はなくなります。


私たち大人は子どもに多くを望みすぎるときがあります。大人の感覚で「やって当然」「できて当たり前」と見てしまいがちです。

しかし、子どもの感覚に合わせて見てみると、大人の感覚では見つからなかった、できていることや増やして欲しい行動が見えてきます。

それに対してちゃんとほめる。これが大切です。


この2・3のルールを、普段の生活にあてはめてみると、反対の対応をしていることがよくあります。

たとえば、勉強では親御さんからこんなことをよく聞きます。

「勉強しているときは邪魔しちゃいけないので、そっとするようにしています」そして、勉強していないときには「何やってんの！　宿題やったの！」と注意するのです。これでは反対です。

勉強していないときは言いたい言葉をグッと堪えて、勉強をはじめたとき、しているときに「頑張ってるね！」と認めてあげる。このほうがうまくいきます。

約束も同じです。約束を守ったときには何も言わずに、忘れたときにだけ注意するというのは反対です。

忘れたときにはうまくフォローをしてあげて、守ったときには「覚えていてくれてありがとう」のひと言を加えてあげて下さい。

こうしたこと一つひとつはとても些細なことですが、些細なことが積み重なって子どもとの信頼や安心につながっていくと感じています。

以上が、私が持っている3つのルールです。

1. 絶対に許されない行動に対しては、キッパリと止める
2. やめて欲しい行動に対しては相手をしない
3. 増やして欲しい行動に対してはほめる

このルールの中で接するようになってから、子どもとのやりとりがうまくかみ合うようになってきました。

やめなさい！　が効かない子は「真似の法則」

　いたずらなどの減らしたい行動に対しては、基本的に「相手をしない、無視をする」という対応で行動を減らしますが、それでも減らない場合もあります。こちらが無視をしても、一向に減っていく気配がないときです。

　たとえば、いたずら書きです。

　子どもはいたずら書きが大好きです。教科書、ノート、テキスト、机、壁、いろんなところにいたずら書きをします。

　いたずら書きと言っても、中学生になるととても上手に絵を描く子がいます。漫画が大好きで美術部に入っている子などは、私よりも数段上手に絵を描きます。

　いたずら書きが好きな子は、授業がはじまってノートを開くと絵を描きはじめるのです。きっと、学校の授業中でもそうなんでしょうね。どのノートを見ても、毎ページに絵が描いてあります。

こんな子はいくら私が相手をしなくて無視をしてもずっと絵を描いています。こういう場合はもう少し積極的にかかわっていきます。

私はよく**子どもの真似をしていたずらを止めます**。

中学3年生の荒川瑞穂さんは、将来声優になりたいと思っていました。漫画・アニメが大好きで、アニメの話をはじめるといつまでもしゃべり続けています。

そして、絵を描くのがとても得意で、体育大会の応援合戦に使うカンバンの絵も瑞穂さんが描いていました。羽ばたいているユニコーンの絵で、美術的な美しい絵でした。

その瑞穂さんにとって、授業中は絵を描く時間でした。

教科書・ノートの空いたスペースにはいろんな絵が描いてあります。お世辞抜きに本当に上手な絵です。この才能が実を結んで、ぜひ将来につながって欲しいと願っています。

しかし、授業中は勉強に集中して欲しい、というのも私の願いです。

授業中、子どもたちの様子を見に巡回をしていると、瑞穂さんがテキストに絵を描いています。

私が近くに行くと、すばやくサッと隠します。

私はそれを見つけて
「あ、うまく書けてるね」

と言って、机の横にしゃがみます。そして、

「ちょっとエンピツ貸して」

と一緒に絵を描きはじめます。

そうすると、瑞穂さんは
「あぁ～いたずら書きしちゃいけないんだ～」

と言ってくるんですね（笑）。私は、

「いいじゃん、いいじゃん」

と言って、一緒に絵を書き出します。

しばらく一緒に描いたら、

「あぁ、面白かった。じゃ、これ消しといてね」

と言って、消しゴムを渡します。そうしたら、瑞穂さんは、

「えぇ〜。これ書いたの先生じゃ〜ん」

と笑いながら文句を言ってきます。でも、「ま、いいじゃん、いいじゃん。よろしく」

とそのまま去って行きます。

後から見に行くと、いたずら描きを綺麗に消してちゃんと勉強しているのです。不思議なもので、子どもの真似をするだけでいたずらは止まってしまうのです。

真似をすることから生まれる効果はいくつかありますが、そのひとつに**子どもとの信頼関係が作られる**ということがあります。子どもと一緒に同じことをすることで、小さな信頼関係ができあがるのです。

学生のときに、文化祭の準備を夜遅くまで一緒にしていると、それまで大して仲のよくなかった子でも仲よくなったりすることがありますよね。

男の子同士だと、ケンカをすると仲よくなるなんてこともあります。これらはお互いが同じ時間に同じ経験を共有することから生まれる信頼関係だと言えます。

子どもの真似をすると、これと同じような効果が得られます。大人と子どもが同じ時間に同じ経験を共有することでその場に小さな信頼関係が作られます。

そうした信頼関係ができると、こちらの要望を聞いてもらいやすくなります。関係が作られていないときに「いたずら書きをやめなさい！」と言うのと、関係ができたときに言うのとでは、子どもの聞く態勢が違います。

またそれは、**普段の信頼関係が作られていればいいというわけではありません**。普段の信頼関係ができているから、いつ注意をしても聞いてもらえるというわけではないのです。**注意する前に、もう一度その場そのときの関係を作る**のです。そして、そこで要望を伝えることで子どもに聞き入れられるのです。

いたずら書きと言えば、一番印象に残っている男の子がいます。水谷裕貴くんと言う小学校5年生の男の子でした。

裕貴くんはすごいいたずら好きです。しようもないいたずらを毎日のようにしてきます。

この裕貴くん、先生の手にいたずら書きをするんです。

先生が裕貴くんの隣に座って、裕貴くんのノートに説明を書きながら教えています。そうすると、その先生の手の甲にいたずら書きをするんです。

「止めなさい！」と注意するんですが、なかなか止めません。その場は止めるときもあるのですが、次の授業になったら、またしてきます。

手にいたずら書きをする程度なので、怒って怒鳴るほどのことでもありません。しかし、何度言っても止めないので先生方も困っています。

あるとき、私がたまたま教えていたときにも同じことをしてきました。

私が裕貴くんの隣に座って教えていたら、私の手にいたずら書きをしてきました。

何かのキャラクターの顔のようです。

それを見て、「ははぁ、先生たちが言っているいたずら書きとはこれのことか」と分かりました。

そして、これはチャンスだと思い、私は裕貴くんの手をつかまえて、同じように裕貴くんの手にいたずら書きをしました。裕貴くんの手に似顔絵を描いたんです（笑）。

そうしたら、裕貴くんにとってそれは予想外の展開だったようで「おっ！　おっ！」とちょっとビックリしています。

私はそのスキにもう片方の手にもいたずら書きをしました。裕貴くんの両方の手には、私が書いたヘタクソな似顔絵が描かれています。

それを見て、また「おっ！　おっ！」と驚いてます（笑）。その後、私は何食わぬ顔をして授業を進めていきます。裕貴くんはあっけに取られています。

たったこれだけです。たったこれだけですが、裕貴くんのいたずら書きはピタッと止まりました。この後、二度としませんでした。

これは先に書いた信頼関係を作るというのとは、また少し違う効果です。

子どもは自分ひとりでいたずらをしていたつもりが、急に大人が入ってくるのでちょっと驚きます。それでキョトンとなります。このキョトンと驚かせるのがこの場合の狙う効果です。

裕貴くんのいたずらの場合、いたずらをする側（裕貴くん）とされる側（私）の立場がハッキリ分かれています。このままではいたずらをやめるやめないは裕貴くんの意思にゆだねられています。裕貴くんがやめようと思わない限りいたずらは止まりません。

なので、まずその立場を換えます。こちらが裕貴くんにいたずらをすることでいたずらをする側とされる側の立場を入れ替えるわけです。当然、急に立場が換わったので裕貴くんは驚きます。その隙を狙って、こちらの意思でいたずらを止めるわけです。

このときに大切なのは、子どもの少し上をいくことです。少し上をいくというのは、相手よりも少し派手にしたり、少し声を大きくしたり、少しオーバーに動いたり。

裕貴くんの例で言うと、裕貴くんの書いたいたずら書きよりも少し大きく書く、両手に書く、ということです。

恥ずかしがったり、子どもに遠慮をしたり、躊躇をしてしまうと、子どもはやり返してきます。そうすると余計に事が大きくなってしまい逆効果です。思い切って子どもよりも派手にやることで、子どもは驚いて、うまくいくことが多いです。

この他にも、真似をすることの効果は意外なところにあります。ぜひ、子どもがいたずらや困ったことをしてきたとき、子どもの真似をしてみて下さい。きっと驚くような結果が出てくると思いますよ。

注意をすると逆ギレして反抗してくる子には

小学校高学年になってくると、思春期に入りはじめます。反抗期とも言うだけあって、反抗が多くなってきます。

何にでも逆らう、揚げ足を取る、人の言うことを聞き流す、無視する、「うざい」を連発するなど、ことごとく私たち大人を悩ませます。そして、こちらが注意をすると逆ギレしてさらに反抗をしてきます。

そんなときに私は「**笑いながら怒る**」という方法を使います。

顔は笑いながら、言葉では怒るんです。

こう書くと、「何だそれは。怒るときはビシッと怒らなきゃいかん！」と思うかも知れません。

ですが、少しだけ辛抱して読んでみてください。これ、とってもよい方法なんです。

私は、これを見つける前と見つけた後ではまったく変わりました。**怒るのが嫌じゃなくなった**のです。

私のような仕事をしていると、子どもとの衝突にはとても気を遣います。最も気を遣うのが思春期の生徒です。

あるとき、授業中に生徒同士が無駄話をしていました。ちょっと突っ張った感じの中学3年生の女の子たちです。私がその子たちの席まで歩いていって、

「授業中は話しちゃダメだよ!」

と注意をすると、ふてくされた感じで、

「はい、はい、はい」

と答えます。それで私が戻ろうとすると、その中のひとりの生徒が小さな声で、

「うざぁ〜」

と言うんです。私、カチン!ときまして、振り返ってその子に向かい、

「なんか言った?」

と聞きました。するとその子は、私の顔を横目で見上げながら、

「うざいと思ったんで、『うざい』って言いました」

って言うんです！

もうね、私、ブチッときましたね！

「お前さぁ！　言いたいことがあるなら、面と向かって言えば！」

私も怒鳴るように言ったんです。そうしたら、こちらをにらみながら、勝ち誇ったように、かつ冷静に、

「今言いました」

腹が立ってしようがないです!!　しかし、もうこうなってしまってはもう手の施しようがありません。お手上げです。この場は引き下がって時が解決してくれるのを待つしかありません。

私としてはこうならないように対応を変えなければいけないのです。

じゃあ、具体的にどうするのか？

こんなときに有効なのが「笑いながら怒る」という方法です。

これは、私が塾での経験の中で見つけた方法なのですが、こうすると子どもは大人

の言うことを受け入れやすくなるのです。

たとえば「はい、授業中はしゃべっちゃダメだよ!」と笑いながら注意します。子どもは注意されたので、こっちをにらみます。そうしたら、なんだかよく分からないけれど、私が笑っているのです。それを見て子どもは、「はぁ?」と思うわけです。そこが狙いです。

「はぁ?」と感じたときには、もう私にはぐらかされちゃっているわけです。子どもも反抗するチャンスを失ってしまうのです。そして、「まぁ、しゃあないか」とあきらめてくれます。こうすることで、反抗を生まずに解決できます。


私も以前は真顔で注意をしていました。

「あのね、授業中に話をすると、他の子に迷惑だから静かにして」

子育ての本には子どもに話しかけるときは目線を合わせましょう、と書いてあります。それに習ってしゃがみながら目線を合わせて注意をしていたわけです。

「静かにできる?」

大抵の生徒ならこれで問題なくしゃべるのをやめてくれます。ですが、思春期の生徒には、時にこの対応は逆効果になるということに気づきました。

思春期の子どもにとって、大人がしゃがんで話しかけてくればうざいんです。近くに寄るなって感じです。

最初に書いた例と同じです。「はい、はい、はい」としか受け取られません。それで、その場はとりあえず収まるのですが、関係は崩れます。うざい大人というレッテルが貼られます。それでは、今後の関係に支障が出てしまいます。

そこで見つけたのが、笑いながら怒るという方法なのです。この方法はどんな本を読んでも載っていません。こんなふざけた話は載ってるわけがありません。

でも、非常に効果的です。

講演会でこの話を聞いて、実際にご家庭で試してくれたお母さん方はこんな風に言われていました。

「いつもは怒るときに全身に力が入っていたのですが、肩の力を抜いて怒れました」

「なぜだか分かりませんが、不思議と（息子が）言うことを聞いてくれました」

「鬼の形相で怒鳴らなくても（笑）、これぐらいで十分伝わるんですね」

「いつもはケンカになりそうなところだったのに、気がつくといつの間にか子どもも笑い出して、丸く収まっていました」

「実は大して怒るようなことでもないのに、怒っているうちにどんどんエスカレートしていって最終的には怒鳴っているってことがあるんですよね。笑って怒っていると、その感情のコントロールができるようになりました。怒っているけど、まだまだ余裕があるぞって」


目をつり上げて怒っていると体中が怒りの感情でいっぱいになってしまうことがありますが、笑いながら怒ると少し気持ちに余裕ができて、その分だけ冷静になれます。お母さんに聞いてみると、顔を笑顔にすると気持ちに余裕ができるようです。


では、言われる子どものほうに聞いてみると、

「あんまり嫌な感じがしない」

「怒られてても、責められている気がしない」

「気持ち悪い（笑）」

「なんだか分かんないけど、『ま、いっかぁ』って思って」

という意見です。

総じて「怒られていてもあまり悪い感じがしない」というのが、子どもの感想のようです。

「だってさぁ、お母さんくどいんだもん。一回言えば分かるのにさ、何回も何回も同じことを言ってくるからくどいんだもん」

「悪いことしてるっていうのは、こっちだって分かってんじゃん。だから、怒られるのはしようがないかも知んないけど、ガミガミ言われると聞く気なくなるよね」


大人が子どもを怒るとき、何か強く伝えたいことがある場合がほとんどです。しかし、怒ったら余計に伝わらなくなってしまう場合があることも私たちは分かっています。

「怒るときは真剣に怒らないと伝わらない」そう言われる方もいらっしゃいます。それは確かにそうだと思います。大人の真剣さを伝えなければいけないときはもちろんあります。

ですが、子どもと一緒にいると毎日のように怒る出来事があります。そして毎日怒っていたら子どもも思います。

「またか……」「また言ってるよ……」。

「またか」と思われたら、もう耳には入りません。本来の伝えるという目的が果たせなくなってしまいます。

そして、怒るんじゃなくて叱るんだとも言います。怒るは反応で、叱るは対応です。子どもがしたことに対し、ついカッとなって反応するのが怒る。冷静に対応するのが叱るです。「子どもを怒っちゃいけません、叱るんだ」と言う方もいらっしゃいます。

でも、実際に子どもと一緒にいたら感情的になることなんていっぱいあります。怒ることだってあります。いつもいつも冷静に対応できてたら、こんなに苦労はしません。悩みません。ついカーッとなっちゃうから、後で落ち込むんです。あぁ～言っちゃったって。

もちろん冷静に対応する努力も必要ですが、カッ！となって怒っちゃうときにできる方法もあったほうがいいと私は思うのです。

この笑いながら怒るという方法はそんな2つの理由からも有効なんです。

この方法を見つける前と見つけた後では、子どもの私に対する反応がガラッと変わりました。何が変わったのかと言うと、受けとめてもらえるようになったのです。まず「はいはいはいはい」と受け流されることがなくなりました。こちらの言うことをちゃんと受け止めてもらえるようになったんです。だから、私も怒るのが嫌じゃなくなりました。これが大きな違いです。

はじめはぎこちなくて、うまく怒れないかも知れません。笑いながら怒るなんて、普通に生活をしていたら、まずしませんから（笑）。でも、うまく怒れなくても大丈夫です。顔がいつもと違うだけで、子どもはそれを感じ取ります。いつもの怒りの関係とは違う関係が作れます。ぜひ一度試してみて下さい。

急いでいるときに、マイペースで先に進まない

子どもと一緒に行動をしていてイライラすることのひとつに、こちらのペースで物事が進められないという点があります。

大人には大人のペースがあって、子どもには子どものペースがある、それは分かっているけれども、急いでいるときはそうも言っていられません。

慌てているときに限って、どうでもいいことをはじめる子どももたくさんいます。

先日、こんなことがありました。

私はその日、朝からお友達の家族と一緒にキャンプに行く予定でした。そのご家庭には11歳の大森将くんという男の子がいました。彼はとにかく好奇心旺盛な子どもです。

「ねぇ、それ何?」

「ねぇ、何でそうなるの?」

と、いろんな質問をしてきます。

どんなときでも、頭に「?」が浮かんだら、解決せずにはいられないみたいです。

そのせいでお母さんに怒られることもよくあります。

キャンプへの出発は9時です。それなのに将くんは寝坊をしてしまい、なんと8時45分にようやく目を覚ましました。出発まで15分しかありません。その間に着替え、顔を洗って朝ご飯を食べなければならないのです。いつもの将くんのペースを考えると、かなり急いで支度をしないととても間に合いません。

お母さんは「将、早くしなさいよ!」と急かしています。将くんも急いで顔を洗って着替えます。

そんな慌しい中で将くんは、机の上にある小さな四角いケースに気がつきました。それは昨日お母さんが買ってきた新しいコンパスです。

「あっ！　あれなんだろう？」そう思ったら、確かめずにはいられません。急いでいることとなんかそっちのけです。

「お母さん、何？　これ？」

とコンパスを手にとっていじりはじめました。

その瞬間、お母さんは「しまった！」と思いました。そして「またか……」と。

お母さんは将くんのこういった行動にいつも悩まされています。新しいコンパスを見つけたら「これ何？」といじりはじめるのは分かっていたのです。

それだけに、お母さんの中には、急いでいるんだから後にしなさいと注意したい気持ちと、ちゃんとしまっておけばよかったという後悔の気持ちが出てきました。とっさに先を急がせようと、

「それはコンパス！　この間壊れちゃったでしょ。今は使わないから後にしなさい！」

と言いましたが、将くんの好奇心は動き出したらもう収まりません。中を開けて、コンパスを取り出しはじめました。

お母さんは、もう知らんといった感じで、

「みんな待ってるんだから！　何してるの！」

と怒って行ってしまいました。将くんは何で怒られたのか分かっていない様子です。

とうとうコンパスの芯まで全部外に出して、

「これ、なに～？」

と、芯を削るための紙やすりをいじりはじめました。お母さんは向こうで準備をしています。


私は2人の様子を見ていて、**2人の見ているものが違う**ことに気がつきました。急いで準備を進めたいお母さんが見ているものは時計です。それに対して、将くんが見ているものはコンパスです。

そこで私は、将くんの見ているものに合わせて声をかけました。

「それで芯を削るんだよ」

「そっかぁ、これで芯をけずるんだぁ。これは？」

「ネジがゆるんだときに締める道具だよ」

「そっかぁ〜」

ひとしきり広げて見てみたら納得したようで、元の通りにコンパスをケースにしまいはじめました。将くんも満足したようだったので、私は、

「よしっ！　みんな待ってるから、急ごうっか！」

と再び急がせました。なんとかギリギリ9時に間に合いました。

こういったことは、大人と子どもの間ではよくあります。大人と子どもでは同じ時間、同じ場所にいても見えているものが違うのです。

大人には大人の見えているものがあって、子どもには子どもの見えているものがあります。それは同じときもあれば、まったく違うときもあります。

確かに大人は広い視野で見るので、大人に見えているもののほうが、子どもが見ているものより正しいかも知れません。ですが、子どもの視野の中では、それは見えなくなってしまっていることがあるのです。

子どもは目の前に新しいことが出てきたら、それで頭がいっぱいになってしまってそれまでのことが見えなくなってしまうことがよくあります。

あのときの将くんはまさしくそんな状態でした。コンパスのことが入ってきたら、急いでいること自体がどこかへ行っちゃったのです。それまではお母さんと同じように時計を見て準備していたのですが、コンパスが入ってきたら時計が見えなくなってしまったのです。

そんなとき、**一旦子どもが見ているものに大人が合わせてコミュニケーションを取ってあげる**とうまくいくことがあります。子どもが見ているものに合わせて、子どもの気持ちが納得するまで一緒に見てあげるのです。そしてその後に元に戻します。

2人で一緒にコンパスを見て、将くんが納得したら、視線を時計に戻してあげるのです。

子どもは自分の気持ちが満たされたら、こちらの気持ちにも合わせてくれます。

違うものを見ていたとしても、先に子どもの気持ちが納得すれば、こちらにも合わせてくれるのです。

周りや人のせいにして、自分で解決しようとしない子には

　最近よく言われることですが、子どもの傾向として「妙に冷めている」という特徴があります。

　冷めているというのは、スポーツや趣味、勉強に熱中できないというよりも、もっと小さな日常的なことに対して積極的になれないという意味で冷めていると感じます。

「まぁこんなもんじゃないの」とあきらめていたり、「どうせやっても無駄でしょ」とやる前から投げていたり。

　これは多くの子どもが持つ思考パターンのひとつの特徴だと言えます。

　たとえば友達関係でトラブルが起きたとき、問題が起こったときに子どもの相談に乗っていると、

「知らな～い」

「なんとかなるんじゃない？」

という返事が返ってくることがあります。

「えっ?!　それ自分のことでしょ？」

と聞き返したくなります。

これは問題を他人事として捉えているとも言えますし、考えることを放棄しているとも言えます。どちらにしても、問題を自分で解決しようとしていないのです。

私としては、自分の問題は自分の問題として捉えて、自分で考えて、自分で解決できる人になってもらいたいと思っています。

しかし、だからと言っていきなり、

「それは自分の問題でしょ。自分で考えて自分で解決しなさい」

と言っても、子どもには伝わりません。だって、自分に問題があるとは思っていませんから。

「何で私がなんとかしなきゃいけないの?!」という返事が返ってきてしまいます。

子どもが自分の問題だと捉えなければ、自分で解決しようとは考えません。

ですから、自分の問題だと捉えさせる前にステップを作る必要があります。その最初のステップは**観察させるというステップ**です。

新学年がはじまると、多くの生徒に少なからず問題が起こります。子どもたちにとって、新学年のクラス替えで誰と同じクラスになるかはとっても大きな関心事です。それによって、一年が楽しく過ごせるかどうかが違ってくるからです。

中学3年生の女の子・東郷奈菜さんが、塾に入ってくるなり文句を言いはじめました。

「ちょっと聞いてよ～！　もう最悪～～！　ありえない～っ!!」

どうやらクラスメイトが気に入らないようです。仲のいい友達とクラスが離れてしまい、同じ部活で仲の悪い子と同じクラスになってしまったのです。

そのクラスがいかに面白くないのかを嵐のように話しまくります。

「○○さんなんてさぁ～……」

「男子がさぁ～……」

ひとしきりクラスメイトへの文句が続きます。

「あぁ～、今年一年はハズレだぁ～！」

確かに、仲のいい友達と離れてしまったのは残念なことです。ですが、そのクラスをハズレにするかアタリにするかは自分の問題でもあります。だって、奈菜さん自身もそのクラスのひとりなのですから。

しかし、今の奈菜さんにそんな正論を言っても伝わりません。

「今年一年を楽しく過ごすかつまらなく過ごすかは、奈菜さんの問題でしょ」

と言っても、

「こんなクラスじゃ、楽しめるわけないじゃん！」

と返事が返ってくるのは目に見えています。

では、どうするのか。そんなときに私が使うのは**観察させるというステップ**です。子どもに観察をしてもらうのです。

この奈菜さんの場合、私の最終的な目標は、奈菜さんが自らで自分のクラスをアタリのクラスにすることです。クラスが楽しくなるように、奈菜さん自身が考えて行動することです。

最初のステップとして、クラスの友達を観察してもらうのです。このときは、クラスメイトを観察して、面白い人を探してもらいました。

この奈菜さんのクラスには鉄道オタクの男の子がいました。

鉄道が大好きで、休みの日は朝から晩まで鉄道に乗っているそうです。どこに行くわけでもなく遠くまで乗っていって、写真を撮って、また帰ってくるのです。

彼の部屋には、オークションで買った時刻表だの行先表示板だのナンバープレートだのが所せましと飾ってあるそうです。お母さんには呆れられていると言っていました。

奈菜さんはこの男の子のことがあまり好きではないようでしたが、私はとても興味を持ちました。その子の話を「へぇ〜、面白い子だね〜」と興味深く聞いて、そして、「じゃあさ、他にも面白い子っているんじゃない？　ちょっと探してきて教えてよ」

とクラスメイトの観察を頼みました。

ここでの狙いは、奈菜さんが面白くないと思っているクラスメイトを、面白いクラスメイトに変えることです。そのために観察をしてもらって面白い人を探してもらったのです。

人は不思議なもので、面白くないと思って観察していると面白くない物事が見つかり、面白いと思って観察していると面白い物事が見つかります。

奈菜さんの場合もそうでした

「じゃあ、次に塾に来るときまでの宿題ね」

と観察することを宿題にして帰ってもらったのです。

すると、次に塾に来たときに嬉しそうに話しに来てくれました。

「先生！　もっと変なのがいたよ！」

新しく見つけた面白いクラスメイトのことを話してくれました。

回を重ねていくと、面白い友達、面白い出来事、面白い先生など、奈菜さんが面白いと感じるものが増えてきました。

もちろん、毎回毎回うまくいくわけではありません。落ち込んでいるときなどは「面白いことなんてないよ」という返事が返ってくることもあります。

それでも構いません。なぜなら、ここで大切なのは視点を変えることだからです。

面白くないクラスメイトとして見ていた視点を、面白い人いないかな？　という視点に変えることが一番大切だからです。

面白い人を探す目で見ていれば、面白い人が見つかります。面白い人が見つかれば、面白いクラスに変わっていきます。

実際、奈菜さんも少しずつクラスが楽しくなってきたようで、5月にはクラスの文句を言わなくなりました。

そして、秋の体育祭には応援団長まで務めてクラスを盛り上げたのです。

この観察させるという方法は、自分のことをまるで他人事のように捉えているときにいろいろ使えます。

勉強で悪い点を取ったときに、

「ま、なんとかなるんじゃない？」

と他人事のような返事をする生徒には、

「じゃあさ、なんとかなりそうなところを見つけてきて」

と言いますし、部活動の仲間とうまくいっていないときに、

「俺、知らねーし」

と返事をする生徒には、

「先輩でも後輩でもいいからさ、味方になってくれそうな人を見つけてきてよ」
と伝えます。

大切なのは、観察をしてもらうことで、子どもの視点をいいことを見つける視点に変えることです。

いいことを見つける視点に変わったら、他人事のように見ていた子どもの姿勢も徐々に変わっていきます。

3章

反抗期の子どもを
叱るときのコツ

ひとつの言葉にはひとつのメッセージを

「ほめるのはなんとかなるけどさぁ〜、難しいのは叱るほうよね〜。うちの子なんてさ、ちょっと叱ったら、すぐに機嫌そこねちゃうしさぁ。私の話なんか聞いてないんだもん」

お母さん方に聞いてみると、ほめることと叱ることを比べると、やはり叱るほうが難しいようです。

この章では、子どもを萎縮させてしまったり、「自分はダメなんだ」と自信を失わせることなく、より良い方向へ導くための叱り方のコツを紹介いたします。

子どもを叱るとき、こちらの伝えたいことがうまく伝わらないときがよくあります。

「さっさと勉強しないと、明日のサッカーに行かせないよ！」

「そんなにゲームばっかりしているんだったら、ご飯はナシよ」

こんな風に注意するときってありませんか？

そうすると子どもは、

「え～っ、そんなん聞いてないよ～！」

「ずるい～！　おなか空いた～！」

と、叱っていることではないことに反応してきます。

こういうことは大人同士でも当然あります。

「あなた！　これ以上お酒を飲み続けるんだったら、もう別れますっ！」

「君、こんな業績が続くようだったら、もう辞めてもらうよ！」

このような叱り方はコミュニケーションを難しくします。なぜかと言うと、この言葉には**2つのメッセージ**が含まれているからです。

たとえば、「これ以上お酒を飲み続けるんだったら、もう別れますっ！」の中には、

1．私の言うことを聞いて欲しい

2．別れたい

という2つのメッセージが含まれています。

また、「君、こんな業績が続くようだったら、もう辞めてもらうよ！」の中には、

1．業績を上げなさい

2．辞めてもらいたい

という2つです。

こうして書くと分かると思いますが、本当に伝えたいメッセージは1の方です。2は、本当は望んでいない場合も多くあります。

自分の言うことをもっと聞いて欲しいと思うあまり「もう別れますっ！」と強調してしまったり、業績を上げて欲しいと願うあまり「辞めてもらうよ！」と強く出てしまったり。

極端に言うと、

「別れたくないんだったら、言うことを聞いて」

「辞めさせられたくないんだったら、業績を上げなさい」

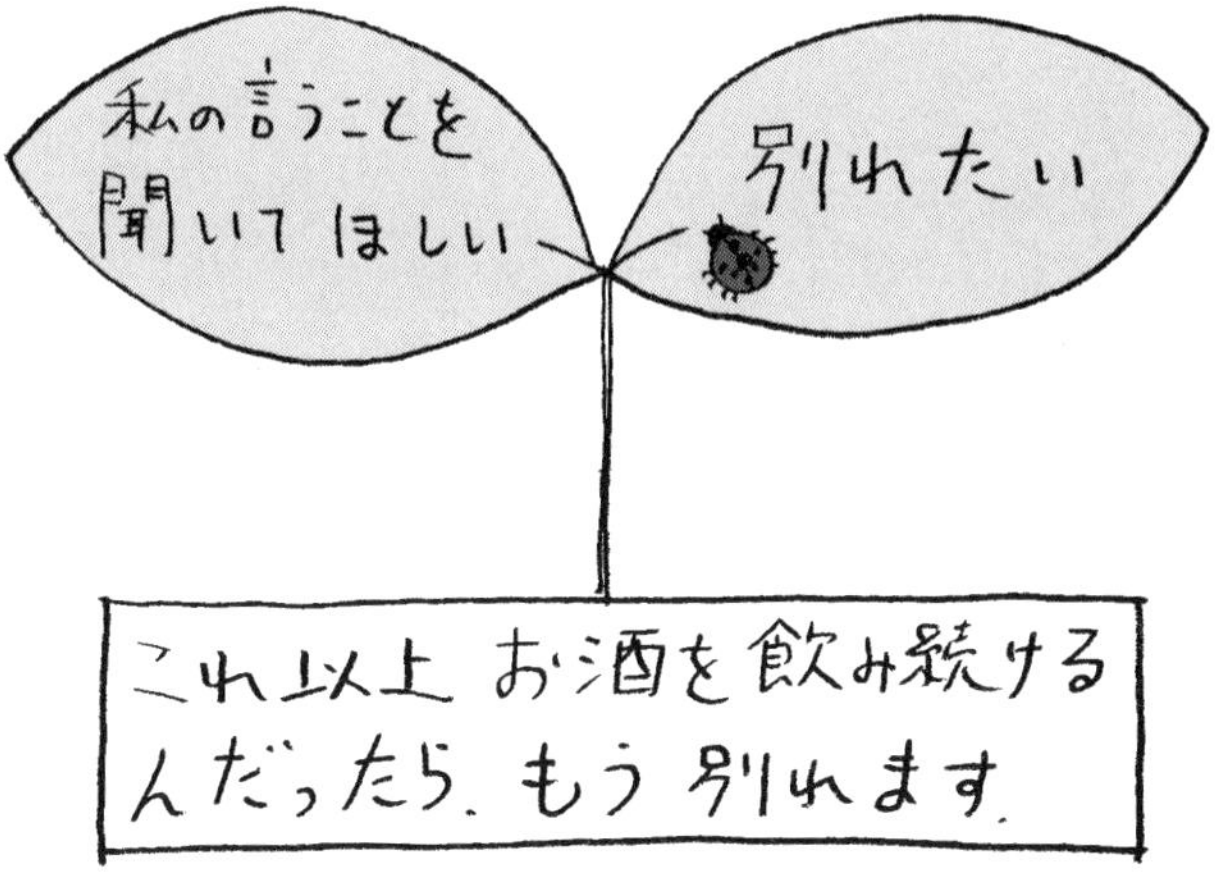

という一種の脅迫です。

このように言われたほうは、1と2の2つのメッセージの内、どちらを受け取るでしょうか？

実は、伝えた側の意に反して「別れたい」「辞めてもらいたい」というメッセージを受け取るケースも少なくないのです。

だから、よく次のように発展してしまいます。

「じゃあもういいよ、別れよう！」

「分かりました。辞めさせていただきます」

こう返されて、慌てて止めるなんてこともあります。

また、このように返されると、

「やっぱり私のことその程度にしか思ってなか

ったんだ……」

と悲しくなったり、

「いやいやいや、そんなつもりじゃなかったんだ。もう少し考え直してみないか」

と、相手の顔色を伺わざるを得なくなることもあるでしょう。

このようにコミュニケーションを複雑にしている原因は単純です。

それは、**2つのメッセージを同時に投げている**ということにあります。2つのメッセージを同時に投げてしまうと、どちらを受け取るかは相手次第になってしまいます。

本当に伝えたいメッセージを受け取ってもらえればいいですが、そうじゃなかった場合は話がややこしくなるのです。


コミュニケーションはシンプルなほうがいいと言われる理由はこういったところにあります。

シンプルなコミュニケーションを簡単に言うと、**ひとつの言葉でひとつのメッセージを伝える**ということです。

キャッチボールをしていて、もし相手から2つも3つもボールを同時に投げられたら、慌ててしまいますよね。

全部取ろうとしたら全部落としてしまった、なんてこともあります。かろうじてひとつだけ受け取れても、

「本当に受け取って欲しかったのはそれじゃない！」

なんて言われたら困ってしまいます。

そういった間違いをなくすために、ひとつの発言にはひとつのメッセージしか持たせないことが大切です。先ほどの例で言うと、

「あのさぁ、もう少しお酒を減らして欲しいと思っているんだけど」

「私は君の業績を伸ばしたいと思っているんだ」

このほうがずっとシンプルですし、正確です。そして、

「そうだね。実は俺もそう思っていたんだ……」

「はい、私もそう思っています」

という返事が返ってきたら、次のメッセージを投げればいいですよね。

子どもに対しても同様です。

「明日はサッカーがあるんだから、今日のうちに勉強しておいたら？」

「もうすぐご飯だからゲームはおしまいにして」

もちろんそう言っても分かってもらえるときばかりではありません。

ですが、余計なところで争ってイライラを増やすよりは、叱るべきひとつのメッセージだけにしたほうが、コミュニケーションはスムーズです。


そして、同じ様な理由から気をつけたいのが、以前あった出来事と合わせて叱るということです。


「あなたはいつもそうなんだから」

「あのときもそうだったでしょ」

これらの言葉もコミュニケーションを複雑にします。なぜならここにも2つのメッセージが含まれるからです。
1．今、やってはいけないことをした
2．いつもそれをする（あのときもそれをした）
という2つのメッセージです。

大人からすると、子どもが同じような失敗をくり返しするので、「またか……」と思ってしまいます。だから「いつもそう」「あのときもそう」という言葉が出てきます。

ですが、子どもにとっては毎回違います。あのときとも違いますし、いつもではないのです。だから、

「いつもじゃね〜よ！」「いつもっていつだよ！」

「あのときは○○だったからじゃん！」

と子どもは反発してしまうのです。

ひとつの言葉にひとつのメッセージを伝えることで、ずっとシンプルになり伝わりやすくなりますよ。

ポジティブな気持ちはポジティブな言葉で伝える

私が子どもに注意をするときにひとつ気をつけていることがあります。

それは**ポジティブな言葉で注意する**ということです。

私たちが子どもを注意するときは、どんなときがあるでしょうか?

「ちっとも勉強しない」

「テレビはゲームばかりでダラダラしている」

「まったく緊張感や緊迫感が見られない」

など、子どもによっていろいろ違うと思います。

そして、そんなときどんな言葉で注意しているでしょう。

もしかすると「〜してはいけない」「〜できない」という否定的な言葉、ネガティブな言葉を使うことが多いのではないでしょうか。

「早くしないと遅刻しちゃうよ」
「勉強しないといい高校に入れないよ」
「しっかり練習しないと試合に出られないよ」

私たちが子どもを注意するときは、子どもがしている行動を止めたいとき、もしくは変えたいときです。

ですので、否定的な言葉、ネガティブな言葉で行動を抑えようとします。

しかし、このネガティブな言葉に込められている気持ちを考えてみると、それは決してネガティブな気持ちではないはずです。

きっとこの言葉の奥には、**子どもを応援するポジティブな気持ちが込められている**のではないでしょうか。

「学校に時間通りに行って欲しい」
「いい成績を取って欲しい」
「上手になって試合で活躍して欲しい」

どれも子どもを応援するポジティブな気持ちです。

言葉だけを見るとネガティブな言葉を使っているのですが、この言葉の奥には「何とかして、やる気を出させたい」という子どもを応援するポジティブな気持ちが込められているのです。

しかし、**使う言葉がネガティブなままでは、このポジティブな気持ちは子どもには伝わらない**ことが多いのです。

これらの言葉を言われた子どもは、

「いいよ、遅刻でも。慣れっこだし」

「俺なんて、どうせバカだもん」

「どうせ頑張っても試合になんて出れないし……」

と否定的な気持ちを受け取ってしまうことがよくあるのです。これではせっかくの応援する気持ちが台無しになってしまいます。

もともとは子どもを応援するポジティブな気持ちから出ているのですが、言葉がネガティブになってしまっているために、言われた子どもはあまりいい感じは受けられないのです。

であれば、**ポジティブな気持ちはポジティブな言葉に表したほうが気持ちはストレートに伝わります。**

先に書いた例も、言葉をポジティブに換えるだけでずいぶん印象が変わってきます。

「早くしないと遅刻しちゃうよ」
↓「早く学校に行ったら、友達とも朝ゆっくり話ができるよ」
「勉強しないといい高校に入れないよ」
↓「勉強したらいい高校に入れるよ」
「練習しないと試合に出られないよ」
↓「練習いっぱいして強くなったら、試合で活躍できるね」

どうでしょうか?
同じことを伝えていても、ポジティブな言葉を使うか、ネガティブな言葉を使うかで、伝わり方は大きく変わってきませんか?
そして、その伝わり方の違いは、子どものやる気の違いになります。

ポジティブな気持ちをポジティブな言葉で伝えたとき、子どもの中に目標に対するポジティブな気持ちが生まれ、子どもの心にやる気の種が植えられるのです。

では、そもそも私たちは、なぜ子どもに対してネガティブな言葉を使いがちになるのでしょか?

その心理としては、子どもに「このままではいけない」という危機感を持たせてやる気を起こしたいと考えていることがあるからです。

「こうなりたくない」という恐怖から生まれるモチベーションを引き出したいと考えているのです。

私はこれを「**恐怖のモチベーション**」と呼んでいます。

この恐怖のモチベーションは子どもから大人まであらゆる場面で使われます。

「これぐらいのことができないんだったら、母親失格だよ」

「もっと業績を上げないと会社に居場所がなくなるよ」

「こんなことで悩んでいちゃ先が思いやられるよ」

どれもやる気を引き出すために、危機感・恐怖心をあおっています。

しかしながら、これらの言葉かけではやる気はうまくは引き出せません。なぜなら**危機感から生まれたやる気は長続きしない**からです。

もちろん、まったく効果がないというわけではありません。一時のカンフル剤として危機感をあおることが必要なときもあります。こう言われることで「なにくそ！」と熱くなる人もいますから。

ですが、喉元過ぎれば熱さ忘れると言うように、そのときは危機でも慣れてしまえば危機ではなくなります。熱くなれるのはその場の短い間だけです。

長期的に考えた場合、危機感を煽るばかりでは本当のやる気は生まれないのです。ポジティブな言葉かけをして、子どもの中にやる気の種をまくことで、子どものやる気は生まれていくのです。

この「ポジティブな気持ちはポジティブな言葉で伝える」というコミュニケーションのコツは、講演会の中でもお話しするときがあります。

そうすると、参加されたお母さんからときどきこんな質問を受けます。

「それは分かってはいるんですけれども、ついついネガティブな言葉が出てしまうんです。どうしたらよいのでしょうか？」

このお母さんの気持ちはよく分かります。頭では分かってはいるけれども、なかなかできないということは誰にでもあります。

普段使っている言葉は無意識に出てきます。

普段からネガティブな言葉を使っている人は、いつでもネガティブな言葉を使いがちですし、普段からポジティブな言葉を使っている人は、いつでもポジティブです。

そして、いつも使っている言葉の習慣をとっさに変えるのは非常に難しいものです。

正直に言うと、私自身も以前はネガティブな言葉をよく使っていました。頭ではポジティブな言葉を使おうと思っていても、とっさに出てくるのはネガティブな言葉でした。

「あぁ……、また言っちゃった……」と反省することも多々ありました。

このままではうまくいかないと気がついたとき、私はポジティブな言葉を使う練習をしました。

どういった練習かと言うと、自分自身に対して使っている言葉をポジティブに換える練習です。

他人に対してネガティブな言葉をよく使う人は、自分自身に対してもネガティブな言葉を使っていることがよくあります。

「うまくいかなかったらどうしよう?」

「失敗したら嫌だなぁ〜」

他人に対してだけではなくて、自分自身に対してもネガティブな言葉を使っているのです。

そして、この自分に対しての言葉かけはとても大きな影響力を持ちます。

人の会話には大きく分けて2つの種類があります。**外的会話**と**内的会話**です。

外的会話はいわゆる普通の会話、自分の以外の人との会話です。

一方、内的会話は自分に対する会話、自分自身との会話です。

この2つの会話量を比べると、外的会話よりも内的会話のほうがずっと量が多いのです。そして、人はこの内的会話からとても大きな影響を受けています。

「どうせダメだ……」

「そんなこと言ったって、ムリだよ……」

とよく口にする人がいますが、その人は私たちが聞いているよりもずっと多い量のネガティブな言葉を自分自身に言っています。

それはまるで、自分で自分に暗示をかけているようなものです。

自分はダメだ。自分じゃ無理だ——。

しかし、視点を変えてみると、内的会話を変えれば自然に外的会話も変わるということも言えます。

自分自身に対する言葉をポジティブに変えれば、自分にもよい影響が出てきます。ずっと気楽になりますし、物事がうまく進むようになります。そうなってくれば、自然に外的会話もポジティブに変わってきます。

そうなるために、もしネガティブな言葉が自分の中から出てきたら、ポジティブな言葉に言い換えてみましょう。

「うまくいかなかったらどうしよう?」と言ってしまったら、

「うまくいったら最高っ!」と言い換える。

「失敗したら嫌だなぁ〜」と思ったら、

「成功したら俺って天才かもっ!」と言い換える。

余裕があるときは、うまくいった姿や、成功したときにどうなるかを想像してみたりしましょう。

みんなから「すごいね～」って言われている姿とか、周りにいる人たちが楽しんでいる姿などを想像するのです。

もっと余裕があったなら、身体を使ってみたりするのも効果的です。

「最高っ！」と言いながらガッツポーズしたり、「私って天才かも?!」と言いながらVサインしたり。言葉と身体を一緒に換えると、とっても効果的です。

言葉身体が一緒にポジティブに変わる印象が強く残ると思います。

私自身もそんなことをやっていくうちに、だんだん言葉がポジティブに変わってきました。自然にポジティブな言葉が出てくるようになりました。

私は、このことに限らずよく自分で試してみました。自分自身は何よりの一番の実験台なのです。

うまくいったら得するのは自分だし、失敗しても誰にも文句を言われないですしね（笑）。

叱るとほめるは「1：5の法則」で

子どもと一緒にいる時間が増えると、ついつい注意する回数が増えてしまうときがあります。特に注意をしようと思って見ているわけではないのですが、気になり出すと些細なことまで気になってしまうのです。

些細なことが気になりだすと、子どもへの注意が増えてしまい、注意が増えると余計に子どもの行動が気になってしまう。

私もこのようなことが多々あり、自分でも悪循環だなぁと感じるのですが、なかなかそこから抜け出せないときもあります。

塾の生徒で中学3年生の女の子・志村奈津さんという子がいました。この子は思春期特有のつっぱった感じが強く、何かにつけて反抗しようとする姿勢に少し困っていました。

授業中に立って歩き回る、授業中に大きな声で話をして授業を妨げる、他の中学校の生徒といがみ合う。そして、注意をすると些細なことに突っかかってくる。

教室に奈津さんのグループが集まると、陰口がはじまって教室の雰囲気がピリピリしてきます。私は「このままだと教室の空気が悪くなるなぁ。なんとかしないと」と考えました。

そこで、ふと思い返してみました。最近、奈津さんとどんな会話をしただろう？

振り返ってみると、ここ最近、奈津さんには注意の言葉しか言っていないことに気がついたのです。

「早く席に着きなさい！」

「また遅刻したの？　時間通り来られないの！」

「授業中は静かにしなさい！」

このままでいいのだろうか？

確かに注意されるようなことばかりしているのも事実ですが、注意するだけ、注意されるだけの関係なんて嫌ですよね。

私から声をかけられるときは必ず注意されると思ったら、子どもだってきっと近づきたくないにありません。

もし私の上司がそんな上司だったら、私だって絶対に近づきたくありません。

そのことに気がついてから「よしっ！　奈津さんをほめようっ！」と思いました。

そこで考案したのが**1：5の法則**というものです。


1：5の法則というのはいたって単純です。

「注意する回数：ほめる回数＝1：5」にしようということだけです。

ちなみに、1：5の割合には何の根拠もありません（笑）。

そして、そのときから奈津さんのほめるところを探しはじめました。とは言っても無理矢理ほめるわけなので、最初はあまりうまくいきません。


休み時間に勉強をしているので「チャンス！」と思って近くに行きました。

「おっ、休み時間にも勉強してるんだ。えらいね〜！」

「違うよ。宿題忘れたから、あわてててやってるだけだよ」

「……そっか」


また、こんな日もありました。

授業で確率を扱っているときに、奈津さんが自分で道具を作って勉強していました。

「そっかぁ、そうやって確率を勉強すると分かりやすいよね。その道具面白いね！」

「先生が教えてくれたのを作っただけだよ」

「……そうなんだ」


（よし、もっとさりげなくほめよう）


「今日はすごく集中して授業受けてたよね～！　いつも今日みたいなのがいいなぁ」

「ん、ムリ」

「ははははっははっ、ムリかぁ～」


このほめ言葉がどれだけ伝わっているかは分かりません。

しかし、1：5の法則を実践しはじめたくらいから、奈津さんとの関係は確実によくなっていきました。

それ以前に比べて、奈津さんのほうから話しかけてくる回数が格段に増えましたし、ちゃんと言うことを聞いてくれるようになりました。

「はい、はい、はい。分かりましたぁ〜」

なんて、気のない返事は変わりませんが、顔が笑っています。

奈津さんの私に対する態度が変わってきたのです。


また、私の中でもひとつ変わったことがありました。それは、以前よりもずっと奈津さんを観察するようになったことです。

その人を何気なく見ていたのでは、ほめるところは見つかりません。ほめようと意識することで、奈津さんをしっかり見るようになりました。

すると、奈津さんのことがそれまでよりもよく分かってきたのです。

たとえば、奈津さんは家でよく親の仕事の手伝いをしていました。それが影響してか、意外に几帳面なところもあり、細かい仕事がとても得意な子でした。

また、ご両親には言っていないけれども本当は行きたい高校があり、そのために理科と社会の成績を上げたいけれども、なかなか上がらなくて困っていたのでした。それに、ひとつ下の弟さんとはとっても仲がよく、いいお姉さんなのです。

人間関係において「嫌い」の最大要因は「知らないこと」だそうです。相手のことをよく知れば知るほど、そして、自分のことを相手に知ってもらえばもらうほど、嫌いという気持ちは消えていくそうです。

私の中でも、奈津さんを注意深く観察することでより奈津さんが見えてきて、以前のような「困った生徒」というレッテルを貼らなくなりました。

もしかすると、奈津さんの中でも、より自分を知ってもらえているという安心感が生まれて、うざいという気持ちが減ってきたのかも知れません。

1：5の割合には何の根拠もありませんが、ほめるための「5」を探しているうちに、だんだん子どものいいところが分かってきて、そのうちに「1」が気にならなくなってきます。

子どもにしてみても、毎回毎回注意されていたら、注意を聞く気もなくなりますが、5回に1回ぐらいの注意なら「まぁ、聞いてやるか」くらいの気持ちになるのかも知れません。

1：5のいいところ探しは、大人にも子どもにもよい変化が生まれますよ。

対立を生まない叱り方

叱るのが難しいと感じる理由は、相手に素直に聞き入れてもらえないからです。

子どもが叱られたときに取る反応は大きく分けて3つです。「素直に聞く」か、「反抗する」か、「無視する」かです。

素直に聞いてくれれば何も困りませんので、ここではそれ以外の2つの反応について書いていきます。

この2つの反応はどちらにしてもこちらの話は聞いていません。

大人が子どもを叱る目的は、間違っていることを理解させて、正しい方向に直すためです。そのためには話を聞いてもらわなければいけません。

じゃあ、話を聞いてもらえる叱り方はないものか？

私もずいぶん考えました。叱られるとき人はどんな心理になるのか。話を聞けなくなるとき、どんな過程があるのか。

それを考えたとき、２つのタブーを見つけました。それは「責める」と「追いつめる」です。


先日、生徒が宿題を忘れました。宿題忘れの常習犯です。それを先生が見つけて、叱ります。

「なんで宿題やってこないの！」

確かに、宿題忘れはいけません。そして、それは本人も分かっています。ですが、やっぱり生徒から出てきた言葉は言い訳でした。

「だって、今日は部活が……」

傍から聞いていても、少し無理のある言い訳です。当然先生は納得しません。

「宿題は授業の次の日にやるって約束だよね！　そんなことばっかり言ってたら、いつまで経っても成績上がんないよっ！」

だんだん先生も感情的になっていきます。それにつられて生徒も感情的になってきます。

「そんなこと言っても、時間がないんだもん！　できないっ！」

しばらくやり合っていましたが、ずっと平行線です。埒が明きません。

思うと、こういう場面はよく見かけます。大人と子どもだけじゃなくて、会社でも、友達同士でも。

このやり取りをよく見ると、叱るときの2つのタブーが見えてきます。「責める」と「追いつめる」です。

「責められると守りたくなる」

「追いつめられると逃げたくなる」

これは人間の本能です。責めるつもりで話しはじめたら、相手は守りたくなりますし、それを追いつめたら逃げます。これは当然の反応です。

子どもの間違いを正すのは大人の役目です。ですが、最初から間違いを責めるスタンスで話しはじめたらうまくはいきません。先のようになってしまいまって、関係は硬直する一方です。

じゃあ、どうすればいいのでしょう?

「責める」の反対は、「守る」です。

「追いつめる」の反対は、「逃がす」。

つまり**相手を守りながら、逃げ道を作ってあげて叱ればいい**のです。そうすれば、多少嫌な話でも聞いてくれます。

叱る目的は間違いを正すことなのであって、責めることでも追いつめることでもないのです。話が聞けるように叱るためには、相手を守りながら、逃げ道を作って叱ることが必要なのです。

では、どうやったら相手を守りながら、逃げ道を作って、叱ることができるのか。

高校2年生の男子の生徒を叱ったとき、こんな対応をしました。

この子は、とても人なつっこくてスキンシップを好む子でした。男女問わず、体にポンッと触れてくるのです。男からすれば何ということのないスキンシップなのですが、年頃の女の子には「セクハラだ」と嫌がられていました。

もちろん、本人にはまったくセクハラをしているつもりはなくて、どちらかと言うといいコミュニケーションを取っているつもりのようでした。

あるとき、我慢しかねた女の子が私に相談してきました。

「もう何とかしてください！　私だけじゃなくって、他に何人も嫌な思いをしているんです！」

そのあと、私はその男の子に女の子から言われたことをそのまま伝えました。もちろん、誰が言ったのかは伏せて。

男の子としてはかなりショックだったみたいです。悔しいのか悲しいのかつらいのか、顔が硬直しています。

「そんなつもりじゃないのに……」

どう答えたらいいのか、分からない様子です。

私は最後にこうつけ加えました。

「これは先生の捉え方なんだけどね。先生はもちろん○○くん（男の子の名前）がそんなつもりで接しているんじゃないってことは分かっているよ。というよりも、いつもみんなのことを思って話しかけてくれているよね。だから、こうして全部話した。きっとこれだけ話せば○○くんは分かってくれると思うから。

これからは君も女の子もお互いの気持ちをきちんと把握できている。だからきっとこの誤解も取れていくと思うよ。人の噂も七十五日って言うじゃん。2～3カ月ちょっと我慢をしてもらえないかな。そうすれば、また元通りになると思うから」

しばらく考えて「分かった。ありがとうございます」とひと言答えて、帰っていきました。

言葉では表しませんが、少しスッキリしたような表情をしていました。

そして、この日を境にこの子の女の子へのスキンシップはなくなりました。

守りながら、逃げ道を作って話せば、叱っていても話はちゃんと聞いてくれます。

そして、こちらの期待に応えるように、間違いを正してくれるのです。


とはいえ、相手を守りながら、逃げ道を作って叱るというのは、少しまどろっこしくて難しいかも知れません。ですから、ここではもう少し簡単な方法をご紹介します。

それは、**共感しながら叱る**という方法です。共感しながら叱ると、守りながら逃げ道を作るというのと同じ効果があります。

子どもが宿題を忘れたときに、

「俺も中学生のころよく宿題忘れた！　忘れちゃうよね～」

と共感するんです。すると子どもも、

「そう、忘れちゃう～っ」

と返ってきます。

「だよね～。でも、やんないといけないってのは分かっているんだよね～。そんなとき、こうやったら宿題できたよ」

アドバイスの形で叱ると子どもは「いいこと聞いたっ！」という感じに受け止めてくれます。

子どもが門限を守らなかったときにも、

「お母さんも子どものころ、門限破っちゃうことってよくあったよ。友達と遊んでいたら、『ま、いっかぁ』って思っちゃうもんね。お母さんもおばあちゃんによく怒られてたよ」

と共感をしながら叱れば、ただ叱るよりもずっと伝わります。

「相手を守りながら、逃げ道を作って、叱る」、「共感しながら叱る」。

この2つの方法で叱ると、叱りながらも話を聞いてもらうことができますよ。

悪いところにニックネームをつける

子どもにかかわる仕事をしている人は、子どものよいところ、できているところ見つけようと意識をしています。

人には必ずいいところと悪いところがあります。悪いところだけの人はいませんし、いいところばっかりの人もいません。これは大人でも子どもでも同じです。

どうせ見るならよいところを見たほうがお互いに気持ちいいですよね。

以前、私の友人からこんな話を聞きました。

今思えば、うちの母親は、私のできてないところばかりを見ていた気がする。通知表を持って帰ったら、

「何でここが2なの？」
と、できてないところを指摘された。でも、父親は違った。父親は、出席日数のところを見て、
「1日も休まずに学校へ通うなんてなかなかできることじゃない。すごいぞ」
と、言ってくれた。父親がいつも私のできるところを見てくれていたから、私は自分を好きでいられたんじゃないかなって思います。

こうした話を聞くと、背筋を正される気持ちがします。そして、人のよいところを見ようと改めて決心できます。

でも、この友人のお母さんが抱える気持ちもよく分かります。日々生活しているとついつい悪いところばかりが気になっちゃうんですよね。あれ、何でなのでしょうね。やっぱり気になるんですよね、できてないところ。

そんなとき、おすすめしたいのが、ニックネームをつけるという方法です。気になるところに楽しいニックネームをつけるのです。

今年の一学期、中学3年生の生徒のお母さんとこんな話をしました。

この生徒は通知表を見ると、ある科目に「2」がついていました。実は、中学1年のときからずっとその「2」があります。

お母さんはその「2」が気になってしようがない、と言うのです。この「2」がなくなればなぁってずっと思っているそうです。でも、なかなかなくならない。

保護者面談のときにも、

「うちの子、ずっと2がなくならないんですよ……」

と言われます。

でも、このお母さんの素晴らしい点は、このマイナス面にニックネームをつけて子どもに伝えていた点です。

「うちの子、ずっと2がなくならないんです」

という言葉を、

「うちの子、ずっとアヒルさんを飼っているんです」

と言い換えて言っていたそうです。

「中学1年生のときからずっとアヒルさんを飼っているんですよ。もう逃がしてあげてもいいと思うんですけどね～（笑）」

こうやって話すと、聞いていてもあんまり嫌な気がしませんよね。

そして、この子、今年の一学期に初めて「2」がなくなったんです！

そうしたら、この子が塾に来て開口一番、

「先生！　アヒルさんがいなくなったよっ!!」

と言いました（笑）。

この明るさ、お母さんのおかげですよね！

ニックネームをつけることによる一番の効果は、その**気になるところのイメージを変えられること**です。可愛いニックネームなら可愛いイメージに変えられますし、楽しいニックネームなら楽しいイメージに変えられます。

イメージを変えるというのが大切なのです。

私たちは気に入らないことの悪いイメージをその人のイメージとしてしまいがちです。

たとえば、塾に落ち着きのない子どもがいます。いつもあっちに行ったりこっちに行ったりして落ち着きません。授業中もなかなか勉強に集中できません。

こんな子どもを私たちは「落ち着きがない困った子」と悪いイメージを持って避けてしまいがちです。

ですが、冷静に考えれば、その子がいい子だとか悪い子だとか判断するのに、落ち着きのないことなどそれほど大きな理由にはなりません。

落ち着きのない子もいればおとなしい子もいます。それは個性です。ですが、普段生活をしていると、そういった小さな気になることを評価の基準にしてしまうことがよくあります。

声が大きくてうるさいから嫌い、細かいことにこだわるからうっとおしい、性格が暗いから一緒にいたくない、というような例はすべて悪いイメージからきています。

こんなときでも、**楽しいニックネームをつければ、そのイメージを変える**ことができます。

これは、この他にもいろんなところに使えます。

私の講演会に来てくれた友人2人が、面白いニックネームをつけていたので紹介します。

2人とも中学生・高校生のお子さんを持つお母さんです。

「高校生の息子がリビングルームにバッグとか私物を置きっぱなしにするのが、嫌なのよ」

と話し出したら、

「そうそう、うちも！　私もすごーく嫌!!」

と二人で盛り上がり、特にバッグに関しては、
・両家とも子どもが体育会所属でバッグが大きい
・狭いリビングルームにバッグを置かれると、本当に邪魔
・ときどきバッグにつまずく。つまずくと足指が痛い
と馬鹿馬鹿しくも、困った現実があり、

「これはいいニックネームをつけてなんとかしなくちゃ！」

という気持ちが高まりました。

大体、夕食前は、

「自分のバッグは自分の部屋に持って行きなさい！」

「ほらほら、マフラーが床に落ちてるよ！」

「何度も言わせないでよ、もう〜！」

という言葉がけが増えてしまいます。

ですが、（というか、当然）子どもたちは馬耳東風。まるでBGMのように聞き流しています。

「じゃあ、いいニックネームは？」

と二人で考えたことは、
置きっぱなしの物は〝パッキー〟。これはペットの可愛いハムスターの名前〝ピッキー〟と、置きっぱなしの〝ぱ〟をとって名づけられました。

さらに自分の部屋に持って行くことは〝マライア〟。これは「持って行く＝Carry」→アメリカ人の歌姫マライア・キャリーさんから、というベタな連想から生まれたようです。

さっそく家で子どもたちに
「ほら、お財布がパッキーだよ！」

「パッキーのバッグをマライアしようよ！」

と言うと

「なに、なに？　また何か思いついたんだ〜」

と結構面白そうに、動いてくれたそうです。

子どもを怒るとき、怒られている子どもも嫌でしょうが、怒っているほうも嫌な気持ちになります。

怒っているうちに、どんどん嫌な気持ちが高まってきて、嫌な気持ちの原因を作った子どもに、また腹が立つ……、という負のスパイラルが起こってしまうのです。

「バッグを片づけなさい！」と何度も言うと、嫌な気持ちになるわけですが、「パッキーをマライアしなさい！」は嫌な気持ちにならない。むしろ楽しい気持ちになってきます（ついでにハムスターのヒッキーの可愛い顔もちらついたりして）。

どうせやるなら、眉間にシワを寄せながら注意するより、楽しみながら注意できたほうがいいですもんね。

あなたの気になるところにはどんなニックネームをつけますか？

子どもが変わるポイントは叱った後にある

叱ることと同じぐらいに大切なのが、叱った後の対応です。叱った後にどういう対応を取るかで、叱った内容が聞き入れられるかどうかが変わってきます。

叱られた後の子どもは多少の気まずさを抱えています。

「なんで俺ばっかり」と不満に思っているかも知れませんし、「嫌な感じ」とふてくされているかも知れません。「あぁ……またやっちゃった」と反省しているかも知れませんし、「次は見つからないようにやろう」なんて次を企てているかも知れません。もし叱られた後もその気持ちをずっと引きずっていたとしたら、叱られた事実を聞き入れることはあまり期待できないかも知れません。

叱られた後そういった気持ちがリセットされて、親子の関係も仲よく元通りになったとしたら、子どもも「まぁ、しようがないか」と叱られたことを受け入れてくれま

す。

すなわち、叱った後親子の関係が気まずいままだと、叱った後もあまり子どもは変わりませんが、**叱った後にいい関係を築けると、子どもが同じことをくり返してしまうことが少なくなる**ということです。

そのため、叱った後にいい関係に戻すこと、簡単に言うと仲直りをすることが大切になってくるのです。

私がこのことに気がついたのは、私の上司である三田宏司さんを見ていたときでした。

三田さんは上司としてとても人望のある方でした。この人の力になりたい、と思わせる魅力がありました。しかし、決して優しい上司ではありません。仕事に求められる要求も高く、厳しい人です。恰幅もよく、声が大きくて迫力があるので、どちらかと言うと怖い上司でした。

「何やってるんだ！」

「そんなんでいいと思ってるのか！」

叱られるというよりも、怒鳴られたり、怒られたりするほうが多かったような気もします（笑）。ですが、部下からの信頼は厚く、慕われている存在でした。

なんでこの人はこんなに人望があるんだろう？

そう思って三田さんを見ていると、ひとつ大きなことに気がつきました。それは、仲直りするのがとてもうまいのです。

叱った後、怒った後に必ずその部下のところに行ってひと言声をかけます。ねぎらいの言葉、フォローの言葉です。

「さっきはきつく言って悪かったな。君にはもっと先を見て欲しいんだ。早く上に上がって欲しいんだよ」

「君にだからこんな風に言えるんだ。期待してるよ」

私たち部下はこの言葉を聞くことで、叱ってもらえてよかったと思えます。そして、叱られた内容を次に活かそうと思えるのです。

三田さんは「**上の者が（仲直りに）行くからいいんだ**」とも言います。

「上司がわざわざ声をかけに来てくれたって思えば、叱られた部下も関係を戻そうと思えるだろう？

上司が叱った後、叱られた部下のほうが上司のところに行って『さっきはどうもありがとうございました。おかげで気がつきました』なんてご機嫌を取りに行くことってあるよね。俺に言わせればあれは逆なんだよ。だってそうだろう。叱られてヘコんでる部下に、なんでその上、気を遣わせなきゃいけないんだ。

上司の役目っていうのは、部下が働きやすい環境を作ることだ。いかに気持ちよく働いてもらうかだよ。そして、部下が持っている能力を発揮させること。

だったら、ヘコんでる部下に声をかけて、気持ちを持ち上げるのは上司の役目じゃないか」

そして、最後にひと言おっしゃいます。

「**叱ることと仲直りすることはセットなんだよ**」

私は、これを聞いたとき、これは親子にも当てはまると思いました。

叱った後に子どもと早く仲直りすることができれば、変な感情が尾を引きませんし、叱ったことも聞いてもらいやすいです。叱られたことが悪いことではなくなるのです。

だったら、早くこちらから仲直りしたほうが効果的なのです。

叱った後は気持ちをほぐしてあげる

では、どうやって仲直りするのか。

仲直りするためには、まず気持ちをリセットすることが必要です。不満を持っていたり、ふてくされている気持ちをリセットして、切り替えられるようにすることです。そのために、私は場所を変えることと体をほぐすことをしています。

先日、授業中にこんなことがありました。

小学6年生・宮崎亮くんは思春期真っ只中で、学校でも家でも反抗しているようです。学校の先生にも目をつけられていて、学校でうまくいっていないとお母さんからも聞いています。

この亮くんの授業態度があまりに悪いので強く叱りました。そうしたら机に突っ伏して泣き出してしまいました。ずっと机に顔をつけて泣いています。

もうそれ以上叱っても無駄なようなので、とりあえずそこから離れました。

しばらくして様子を見に行ってみると、自分のコートを頭からすっぽりかぶって、完全に殻に閉じこもっている様子です。

このままでは勉強にならないので、私は亮くんの気持ちを切り替えることを考えました。気持ちを切り替えるのに手っ取り早いのは場所を変えることです。

「亮くん、ちょっと面談席に行こうか?」とストレートに聞いてみました。

亮くんは突っ伏したまま「なんで?」と返事をします。亮くんにしてみればまだ叱られるのかと警戒心があったのかも知れません。

私が「ん?　気分転換だよ」と返事をしたら、ちょっとこっちに動いたので「おいで」と誘って、面談席に一緒に行きました。

もうこの時点で泣き止んでいましたし、たぶん亮くんの気持ちも治まっていたと思います。ただ、授業に戻すにはもう少し時間と気分転換が必要だと思ったので、少し話をしました。学校の先生の話と4年生のときから続けている柔道のことです。

気持ちをほぐすのに効果があるのは、体をほぐすことです。背伸びをしたり、軽く腰をひねったりして体をほぐすと気持ちもほぐれてきます。ですが、こんな亮くんのようなケースで背伸びをさせるのも変なので、こんなとき私はよくくすぐって体をほぐします。

亮くんの隣で柔道の話を聞きながら、私はくすぐるチャンスをうかがっていました。亮くんが何かボケたことを言ってきたら、わき腹をくすぐるんです。

このときは柔道の先生の顔がお笑い芸人に似ていると言ったときにくすぐりました。

「そんなこと言ってると、先生に言いつけるぞ～っ」

と笑いながらくすぐります。くすぐりながら私も笑っています。

くすぐるタイミングは何でもいいのです。お互いが同じことで笑い合うと気持ちがほぐれるのだと思います。

さんざんくすぐって笑った後、「よしっ！　じゃあ、戻ろうか」と言って席に戻しました。その後の亮くんの授業態度は、その前とは打って変わって勉強に集中していました。

子どもを叱るとき、どのように叱るかという叱り方ももちろん大切ですが、叱った後にどう接するかも同様に大切なことです。

叱った後、こちらから仲直りをするかどうかで、叱った内容を受け入れてくれるかどうかが大きく違ってきます。一度で聞いてもらえれば何度も叱らなくても済みますし、お互いに気持ちいいですよね。

ほめるのが難しいときのひと言

この章の最後に、叱るだけではなく、ほめることも少しお話ししておきたいと思います。

子育てだけではなく、ほめるというのはとても大切なことです。

ほめるというのは、コーチングの中では**承認**のひとつとして捉えています。承認というのは、ほめるだけじゃなくて、**認める**という意味もあります。

「あなたがいてくれてよかった」「あなたがあなたでいることが嬉しい」そんな意味を持ちます。

承認することはコーチングをする上で最も大切なことのひとつです。

しかし、承認したいのだけれども、うまくできないときもあります。たとえば、もう慣れてしまっているときです。

子どもがすごくうまい絵を描いて見せてくれます。確かに、うまい。だから、最初は心からほめられた。

「うまいね〜」「じゃあ、これ、ここに飾っておこうか」

でも、何回も何回も同じようなことが続くと感動することにも慣れてしまって、なんだかうまくほめられません。言葉がしらじらしくなっちゃうんです。

子どもが90点取ったテストを持って来てくれた。

最初は嬉しいんです。「すっごーい！」感動できます。

でも、最初は嬉しいけれど毎回毎回90点だと、こっちも本人も慣れちゃいます。

「すごいね」と言っても、「いつもと一緒だよ」と返って来ちゃいます。

こんなときにうまく承認する方法があります。それは、**ストーリーを聞くという方法**です。

これ、とっても簡単な方法です。拍子抜けするぐらい簡単です。たったひと言。たったひと言言うだけです。それは、

「**どうやってやったの？**」

す。

と聞くことです。

「どうやってやったの？」と聞くことで、そこに至るまでのストーリーを聞くわけで

どうやってその絵を描いたのか、どうやってその点数を取ったのか。そこまでのス
トーリーを聞くんです。

見慣れてしまっている絵でも、「へぇ〜、これ、どうやって描いたの？」と聞いて
みてください。そうしたら子どもは、活き活きと説明をしてくれます。

もしかすると、もう一度描いてくれるかもしれません。

そうしたら「あぁ、そうやって描いたんだぁ〜」と応えてあげてください。

テストで毎回90点のときも、「今回の90点はどうやって取ったの？」って聞いてみ
てください。そうすると熱く教えてくれます。

「この問題は、前に塾でやったからさぁ〜できた」

「この問題もホントはできたんだよなぁ〜」

なんて、細かく説明してくれます。

これ、きっとあなたも普段やられていますよね。特別私が発見した方法でもありません。どなたでも普段やられていることだと思います。

でも、じゃあなぜわざわざこれを書いたかと聞かれると、これは大人同士でも使える方法だからです。

たとえば、ご晩飯を一緒に食べていますよね。

「今日のおかず、おいしいね」という言葉は普段から出てきます。

でもここに「どうやって作ったの？」と聞くと、ずいぶん変わってきます。何か工夫をしていたら、「えへへ、分かった？」と教えてくれます。

もし、「え？　いつもと同じだよ」って返ってきても大丈夫です。もう一度「へぇ～？　いつもどうやって作ってんの？」と聞いてみてください。

そうしたら、こうやってこうやって、って作り方を説明してくれます。それを聞いて「へぇ～、そうやって作ってんだぁ～」って答えてあげればいいんです。

これは、大してほめてはいませんが、承認にはなっています。

講演でこの話を聞いたお父さんが、さっそく家で試してくれました。このお父さん、普段は料理のことになんかまったく関心のない人です。

そのお父さんが「これ、どうやって作ったの？」と聞いたんです。

しかし、事情を知らないお母さんにしてみれば「何よ、今さら?!」という感じだったそうです（笑）。

そりゃそうです。普段は料理のことなんて何にも関心を持たずに、「おいしい」のひと言も言わないで食べていたのですから。突然「どうやって作ったの？」なんて言われても困っちゃいますよね（笑）。

でも、このお父さんも頑張りました。

「いやぁ、今日のはいつもよりもおいしいなぁ～って思って……」

そうしたら、お母さんも作り方を教えてくれたそうです。

お父さんの感想としては、なんだか話すほうも聞くほうもぎこちなくて、意外とうまくいかないもんだなぁと思ったそうです。

しかし、その日から少しずつ変わったそうです。食卓に料理の話が出るようになったんです。

「今日、ナスがおいしそうだったから買ってみたんだけど、どう？」

「今日のお味噌汁、出汁を変えてみたんだけど、おいしい？」

そのお父さんも「それまではずいぶん静かだった食卓がちょっと楽しくなりました」とおっしゃっていました。

もうひとり、面白いお父さんがいらっしゃいました。この方は「どれの作り方を聞こうかなぁ？」と迷って、結局きんぴらごぼうの作り方を聞いたそうです。

それを聞いたときに私は「もうちょっと気の利いたものを聞けばいいのになぁ」とも思ったのですが、これが功を奏したという例です。

やっぱり、最初に聞いたときはあんまりうまくいかなかったそうです。でも、何日かして、お母さんがお父さんに声をかけてきたそうです。

「ねぇ、今からきんぴらごぼう作るけど、一緒に作る？」

このお父さんにしてみれば、別にきんぴらごぼうの作り方なんて興味はないんです。ただ、講演で聞けって言われたから聞いただけなんです（笑）。

でも、聞いた手前、しようがないから一緒に台所に立ったそうです。それできんぴらごぼうを一緒に作ったそうです。そうしたら、このお父さんに意外な発見があったようなのです。

料理って面白そうだなと思ったそうです。そして料理に興味を持ちはじめたんですね。それをきっかけに、一緒に料理を作る機会が増えたそうです。

しばらくしてから会ったとき、「料理って面白いですね～！」と話してくれました。

子どもは結果を認めてもらいたいという気持ちも持っていますが、そこに至るまでの過程も話したい、知ってもらいたいと思っている子も多いのです。

ぜひ「どうやったの？」というひと言を使ってみてください。

ほめにくいとき、そこに至るまでのストーリーを聞くことで子どもは承認されたと感じてくれますし、もしかするとその後にも**嬉しい変化**が起きてくるかも知れませんよ。

ほめるのはタイミングが大切

タイミングが大切なのはほめるのも叱るのも同じです。**タイミングよくほめなければ効果がないどころか、逆効果になる**こともあります。

思春期の子どもと親とのやり取りを見ていると、ほめることが逆効果になっているケースをときどき見かけます。たとえば、子どもは大した結果ではないと思っているのに、親が無理にほめているときです。

中学生の息子に「あら、今日は早く寝るのね。偉いわね～」なんてほめている親がいました。子どもをほめたい気持ちは分かりますが、これはあまりにも子どもをバカにしています。当然、子どもの反応は冷ややかでした。「あぁ……」と生返事が返ってきただけです。

子どもの反応が悪いと、親はさらに言葉を重ねます。

「今日は部活大変だったもんね。勉強もしたしね。お疲れさま」

子どもにしてみれば、ほめ言葉を無理に押しつけられても嬉しくも何ともありません。「わざとらしい……」と感じてしまい、逆効果です。

子どもは、ほめさえすれば嬉しくなってやる気を出すというほど単純なものではありません。子どもがほめてもらいたいタイミング、ほめられて嬉しいと感じるタイミングでほめる必要があります。そのタイミングを計るためには、子どもを観察するしかありません。子どもをよく観察して、ほめるタイミングを見極めるのです。

ほめるタイミングは大きく分けて4つあります。

1. 物事をはじめたとき
2. 頑張ってやっている途中
3. くじけそうになったとき
4. 終わったとき、達成したとき

1. 物事をはじめたとき

何かをはじめるとき、最初の一歩を踏み出すのは勇気がいります。それまでやっていたことをやめて新しいことをはじめるわけなので、やめる勇気とはじめる勇気がいるとも言えます。物事をはじめたときは、その勇気をほめるチャンスです。

そして、このときは軽くサラッとほめるのがコツです。「**おっ、(勉強) はじめたんだぁ**」とひと声かける程度です。なぜなら、やって当然と思っている子どももいるので、あまり大げさにほめると「バカにしてるのか?!」とも思われかねないからです。そんな余計な反発を避けるためにも、ここは軽くサラッとほめます。

2. 頑張ってやっている途中

よくお母さんから「勉強の邪魔をするといけないので、勉強している途中はそっとしています」という言葉を聞きます。これは、半分当たっていて半分外れています。子どもは頑張っている途中は、邪魔はされたくないけれども、頑張っている姿勢は認めて欲しいと思っています。

頑張っている途中は、コマが回っている状態と似ています。回っているコマも放っておけばそのうちに止まってしまいます。ですが、回っているときに手で回転に勢いを与え続ければいつまでも回っています。

頑張っている途中も同じです。「**おっ、頑張ってんじゃん**」「**いい調子だね〜♪**」とひと声かけることがこの勢いを与える役目になります。これがうまく機能すると、子どもの頑張りは放っておくよりもずっと長く続きます。

3．くじけそうになったとき

くじけそうになったときにほめるっていうのも変な感じがするかも知れません。くじけそうになっているときは「もうちょっとだよ！」「頑張れっ！」と応援をしたり、「どうしたの？」「大丈夫？」と心配するのが普通です。

ですが、それと同時にほめるチャンスでもあるのです。そのときのほめ言葉は「**そんなに大変なのに頑張ってるなんてすごいね**」という言葉です。大変な状況にもかかわらず頑張っている姿勢をほめる意味があります。

勉強を続けていれば必ず嫌になるときはきます。「もう嫌っ！」と投げ出したくなるときもあります。そんなときは鉛筆が進まなかったり、集中が途切れてダラ〜っとしています。それを見つけて「どうしたの？」と声をかけると、子どもは「もう嫌になってきた」「疲れてきた」と返事が返ってきます。そのときに、

「そっか、そんなに嫌になるほど頑張ったんだ」

「（疲れているのに）なんでそんなに頑張れるの？」

と声をかけます。

この言葉は嫌になったり疲れたりするほどやってきた今までの頑張りを認めて、ねぎらう言葉です。こう声をかけることで、子どもは今までの頑張りを認めてもらえたと感じ、今の嫌な気持ちや疲れがそれほど悪いものではなくなります。

「うん、今日はもう12ページもやったんだよ」

「今までサボってたからさぁ、今日宿題終わらせないとヤバイし」

という返事の後、「もうひと頑張りするか」というやる気が生まれています。

4．終わったとき、達成したとき

終わったとき、達成したときが一般的なほめるタイミングです。そして、ここで一番効果的なのは、**終わった瞬間にほめる**ことです。何日も経ってからほめられても

が大切です。

「何を今さら」と思ってしまいます。終わった瞬間にタイミングよく声をかけること

そして、タイミングと同様に大切なのが、ほめる量です。サラッほめるのか、しっかりほめるのか、小さくほめるのか、大きくほめるのか、どのくらいの量ほめるのかを見極めるのも大切なポイントです。

ほめる量が少なければ子どもは認められていないと感じますし、ほめる量が多すぎればわざとらしさを感じてしまいます。

特に女の子は謙虚な子が多いので、こちらがほめても「大したことないですよ〜」と謙遜をして、ほめ言葉をなかなか受け取りません。

反対に、自己顕示欲の強い男の子の場合は、大げさなぐらいに驚いてほめないと満足しない子もいます。

子どもがどれぐらいの量を求めているかは、観察しなければ分かりません。そのためには、まず軽くほめてみて子どもの反応を見ます。

「そんなことないですよ〜」と謙遜をしたら、ほめる量が多すぎたサインです。受け

取れるぐらいの小さな量に減らします。「そっかぁ、先生はすごいと思うんだけどなぁ～」とアイメッセージにしたり、「じゃあ、次はもうちょっと頑張ろうっか」と先に目を向けたりします。

反対に「今日はもう2時間もやってるんだよ」と頑張りを主張してきたら、ほめる量が足りないというサインです。そのときもう少し大きくほめます。「さすがっ！　やるときゃやるね！」「マジっ！　見直したなぁ！」とビックリマークをつけるような言葉に代えます。

やる気を引き出すために、効果的にほめるにはタイミングと量を子どもに合わせることが大切です。それを考えないでほめていると、もの足りなさやわざとらしさを感じてしまいます。そうすると、逆効果になってしまってやる気を奪ってしまうこともあります。

ほめるタイミングと量を見極めるためには、子どもを観察するしかありません。しっかり子どもを観察して、適切なタイミングで適切な量のほめ言葉をかけることで子どもの中のやる気が花開いていきます。

4章

10代の子どもと上手に会話する方法

無口な子や反応の薄い子は子どものペースに合わせる

「もう何考えているんだか、さっぱり分からないんです」

と言われるお母さんがよくいらっしゃいます。子どもが何を考えているのか、何をやりたいのか、どう思っているのか、さっぱり分からないと言われます。

確かに、子どもの行動・言動は分かりにくいです。理解しようとするとかなり難しいです。しかし、対応だけを考える分には、理解できなくてもありません。

子どもに対しての「分からない」は、いくつかの種類に分けることができます。

・話しかけても反応がないので分からない

・考えていることが自分とはかけ離れているので分からない（理解できない）

・何を言っているのかが分からない

・それをする理由が分からない

特に男の子の場合は、「会話がない（少ない）ので分からない」という方も多いです。

この章では、そんな**子どもならではは分からなさに合わせたコミュニケーション**の方法を紹介いたします。これができるようになると、今まで「さっぱり分からないなぁ」と思って困っていた子どもとのかかわりが楽しくなってきますよ。

最初は無口でしゃべらない子どもや反応の薄い子どもへの対応です。塾にはそういった消極的な子どもがたくさん通っています。消極的な子どもの中にも、こちらから話しかければ楽しそうに話をしはじめる子もいますが、こちらから話しかけてもほとんど無反応でまったく口を開かない子もいます。

こうした消極的な子どもとコミュニケーションをするためには、まず聞くことからはじめる必要があります。自分のペースで、自分の聞きたいことを聞くのではなく、**子どものペースで聞き、子どもの話したいことを聞く**のです。

子どものペースはその子によって本当にさまざまです。そのさまざまな子どものペースで話をよく聞くためには、よく観察することが必要です。子どもの話したいことが何なのかは、注意深く相手を観察していないと感じ取れません。

ここに2人の生徒さんとの話を書きたいと思います。

高校2年生の女の子・大貫久美子さんは、先生が説明をしていても、授業中にうなずきもしないし、「はい」と返事も言いません。先生曰く「聞いてくれているのか、分かってくれているのかも分からない」という生徒でした。

学校の定期テストが終わった後、塾に来た久美子さんが授業前に席に座っていたので、私のほうから声をかけました。

「久美子さん、こんにちは」

と言っても、いつもと同じように反応はありません。

「テストどうだった？」

と声をかけて、しばらく黙って見ていると、彼女の頭の中では何かが動いているようでした。ずっと様子を見ていたら、少し困ったような感じがしたので、

「あんまりよくなかった？」

と聞いたら、少しうなずきました。

「そっか、あんまりよくなかったんだ。何がよくなかったの？」

「数学は――」

「数学は？」

「78点取れた」

「へぇ～、78点取れたんだ」

「数学は好き」

「数学は好きなんだ」

「古典は――」

「うん、古典はどうだった？」

「助動詞、覚えてなかったから……」

「そっか、助動詞まだ覚えてなかったんだ」

「よくなかった」

「そっかあ、よくなかったか。じゃあ、助動詞を次までに覚えようか」

「うん、そうする」

少しだけ笑顔になったような気がしました。

たったこれだけのことを話すだけでも、ずいぶん時間がかかりました。普段私が話すスピードの5分の1ぐらいの速さでしか会話が進みません。かなりじれったい速さです。たぶん、普段通りのペースで会話をしようと思っていたら、何も反応が返ってこないと勘違いして、私は彼女と会話ができなかったと思います。

しかし、久美子さんの気持ちに寄り添って、久美子さんのペースに合わせて話を聞くことで、話したかったことを話してくれました。そして、少しだけ気持ちを前に向けることができました。


飯塚恵さんは、会話は普通の速さなのですが、感情の表現が少ない中学3年生の女の子です。

模試の結果がとてもよかったので喜ばせようと思い、私は成績表を持って行って見せてあげました。

「ほら、英語と数学、こんなに上がったんだよ！」

どちらかと言うと、私のほうが嬉しくって舞い上がっています。

ところが、恵さんは「ふ～ん」とあまり嬉しそうな感じではありません。私は「どう思う？」と言い、成績表を渡してゆっくり見せてあげました。

恵さんは、じーっと成績表を見ています。じーっと見ていて、少しほほがゆるんだので、その瞬間に、

「すごくない？」

と声をかけたんです。そうしたら

「うん。すごいっ」

と満面の笑みに変わりました！

「でしょ？　俺もすごいと思うよ！　やったね～！」

その日の授業、恵さんはルンルンで勉強をしていました。帰るときも成績表の入った鞄を大事そうに抱えて帰っていきました。

正直に言うと、私もいつもこんな風に接することができるわけではありません。忙しいときや気持ちに余裕のないときは自分のペースで話して、自分が言いたいことだけを言って終わってしまうなんてこともあります。

ですが、先に挙げたような例のときに私がゆっくり観察をしなかったら、子どもの反応を待てずに自分のペースで話をしてしまって、ただ気持ちを空回りさせてしまっていたと思います。「反応が薄いなぁ～」「成績上がっても嬉しくないのかな?」と。そして、せっかく子どもがやる気を出すチャンスを逃してしまっていたでしょう。

子どもをよく観察して、子どものペースで、子どもの話したい内容を聞くということは、こういった消極的な子どもだけではなく、すべての子どもとのコミュニケーションの第一歩です。

今日、子どもと話をするとき、ぜひ今まで以上によく子どもを観察し、子どもの反応を見てみてください。きっと、昨日とは違う小さな違いに気がつくと思います。そして、子どもが何を感じているのか、何を話したいと思っているのかを感じてみてください。

子どものペースで話しをして、子どもの話したい内容を聞くことで、子どもにとって力となるコミュニケーションが取れるようになります。それが、思春期の子どもがうれしく思う会話のはじまりなのです。

反抗期の子どもには逆接で話す

反抗期の子どもと接していると、思い通りにいかないことがよくあります。何でもないようなこと、他の子どもとなら当たり前に過ぎていくようなことでも、衝突の種になります。

たとえば、何か頼みごとをしたいとき。

「ちょっとそこにある本を取ってくれない？」

と頼めば、ほとんどの子どもは、

「いいよ～」

と取ってくれます。

でも、反抗期の子どもではこんなことでもうまくいきません。

「え～っ？　自分で取ればぁ？」

「面倒くさ〜い」

と、取ってくれません。近くにあるんだからちょっと取ってくれればいいのに！とムッとくることもあります。

まぁ、この程度のことがたまにあるくらいなら、しょうがないかと軽く受け流すこともできますが、毎度毎度こんな感じだとイライラしてきます。勉強しないでサボっている生徒に、

「サボってないで、ちゃんと勉強しなさい」

と言ったところで、

「え〜っ。だって分かんないんだも〜ん」

「次はちゃんと宿題やってきなさいよ」

と言ってみても、

「でもさぁ、そんなこと言っても部活が忙しいからさぁ〜、ムリ〜」

なんてやりとりが続くとイライラしてきます。

「たまには、素直に『はい』って言えないのかっ！」

と怒りたくもなります。

そんなときに、私が意識している言葉がひとつあります。それは接続詞です。

接続詞には、「そして／それから／しかし／だけれども／すなわち／でも／だって／それなら／さて／ところが」などがありますよね。

この接続詞、大きく分けると2種類に分けることができます。それは**順接の接続詞**と**逆接の接続詞**です。

順接の接続詞は、「そして／それから／すなわち／それなら／さて」などです。

逆接の接続詞は、「ところが／しかし／だけれども／でも／だって」などです。

この2つは、無意識に話していると一方ばかりを使って片寄っていることが多いのです。普段の会話の中で、順接の接続詞をよく使う人と、逆接の接続詞をよく使う人に分かれます。これは、どちらがいいとか悪いとか優劣のあるものではないのですが、これによってコミュニケーションにひとつのパターンが表れます。

順接タイプの人は、会話が滑らかです。

「そしてね○○」「それからね△△」「それならさ□□」とスムーズに流れることが多

いです。

逆接タイプの人は、会話が起伏に富んでいます。

「でもさ○○」「だってさ△△」「しかしね□△」と話があっちこっちに飛ぶことが多いようです。あなたはどちらのタイプでしょう？　自分自身の普段の会話を思い出してみて下さい。順接と逆接のどちらが多いでしょうね？

ちなみに私自身はどちらかと言うと逆接タイプです。


この接続詞の特徴はもちろん大人にも表れますが、子どもは特に顕著です。とりわけ顕著なのが反抗期の子どもです。

反抗期の子どもは逆接を多用します。注意して聞いていると、会話の中は逆接だらけです。中高生がよく使っている「っていうかぁ～」は、見事にそれを表しています。

この接続詞のタイプに合わせると、言葉のかけ方を変えることができます。

逆接タイプの子どもに「勉強しなさい」「ちゃんと宿題やってきなさい」と声を掛けてもうまくはいきません。「でも」「だって」で返事が返ってきます。

であれば、こちらはそれを考慮に入れて、**逆接タイプに合わせて言葉を変える**わけ

大人は順接で話す → 子供が逆接で返してくる

「勉強しなさい」 → 「だって部活が忙しいんだからしょうがないじゃん」

大人も逆接で話す → 子供も逆接で返してくる

「部活が忙しいから勉強できないよね」 → 「そんなことないよ！大丈夫だもん」

です。

「やっぱり、勉強なんてしたくないよね～？」

「部活で忙しいから、宿題やる時間なんてないよね？」

そうすると、子どもは逆接でつないで、

「そんなことないよ！　できるよっ！」

と返事が返ってきます。

子どもにしてみれば逆接で断ったつもりなのですが、実はこちらの頼みを引き受けることになっちゃってるんです。面白いですよね～。

ただ、気をつけなければいけないのは、反抗期の子どもの中にも順接タイプの子どももいるということです。順接タイプの子どもに同じように問いかけてしまうと、

「うん、部活が忙しいからできない」

と順接で返事が返ってきてしまうので、注意して下さい（笑）。

反抗期は思春期だけでなく第一次反抗期があります。2歳前後のいわゆるイヤイヤ期です。何に対してもイヤイヤをするときです。

このときにもこの言葉がけは使えるのか？　それを試してくれた友人がいます。

その友人には2人の娘さんがいます。上の子が小学校1年生。下の子が2才です。

2人ともよく話をしますし人見知りもしない、とても可愛い姉妹です。そんな幼い姉妹ですが、やっぱり性格は違います。

上の子は順接タイプです。お母さんの頼まれごとをよく聞いてくれる、いわゆる素直な子です。

「ねぇ、ちょっとそこにあるはさみを取ってくれない？」

と言うと、

「は〜〜い」

とすぐに取ってくれます。しかし、下の子はまさしくイヤイヤ期です。

「ねぇ、ちょっとそこにあるはさみを取ってくれない？」

「イヤっ」

お友達と一緒にお菓子を食べていて、交換し合いっ子をしていても同じです。

「ちょっとちょーだい」

「イヤっ」

と絶対にくれません。

この友達、このことでずっと悩んでいたんです。

「う〜ん？　なんで上の子はうまくいくのに、下の子だとうまくいかないんだろう？」

そして、この接続詞の話を聞いて言葉がけを変えてみたんです。普段は、

「ねぇ、ちょっとそこにあるはさみを取ってくれない？」

と頼むところを、

「ねぇ、お母さんそこにあるはさみを使いたんだけどさぁ、そこからじゃ取れないよね？」

と逆接に合わせて頼んだそうです。すると、

「ううん。取れるよ！」

と自信満々に取ってくれたんです！　友人も驚いたそうです。

さらに、上の子にも同じように試してみたそうです。

「ねぇ、お母さんそこにあるはさみを使いたんだけどさぁ、そこからじゃ取れないよね？」

そうしたら、案の定、

「うん……。取れない……」

と、やはり取ってもらえなかったそうです（笑）。ダメだって言われるとやってみたくなるのは、大人も子どもも同じですね。

このように、接続詞のタイプに合わせて言葉かけを変えることで、うまく導いてあげることができます。そして、「今度はどうやって反応してくるだろう？」なんて、子どもの反応が楽しみになってきます。

子どものグチを受け止める

夏休み中は塾に一日中いる子どもがいます。朝一の授業から最後の授業まで、文字通り朝から晩までいます。

そうすると子どももいろんな話をします。その中でよく聞くのがグチです。友達のことだったり、先生のことだったり、親のことだったり。

こんなときにはあまり相談はしてきません。純粋にグチです（笑）。

ちなみに、グチと相談の違いは、解決を求めているかいないかの違いだと私は捉えています。相談はその問題に対して解決を求めている。そのため、解決策を見つけたくて話をしてきます。

グチは解決を求めていない。もしくは、解決して欲しいと思っているけれども自分

で解決するのではなくて第三者に何とかして欲しいと思っている。だから、自分では何もしたくない。そんな違いだと思っています。

だから、子どもがグチを言うときは、別に解決を求めているわけではないので、ただ聞いてあげれば子どもの気持ちは満足します。アドバイスや解決策は必要としていません。

しかし、多くの大人を見ていると、子どものグチをただ聞いてあげるということができていません。解決に乗り出しちゃうんです。「こうしてみたら?」「それはこうしたほうがいいよ」とアドバイスをしたり、「そんなんだからダメなんだよ!」と批判し出しちゃう大人もいます。

子どもはただ話を聞いて欲しかっただけなのに、逆に責められちゃったりして余計にもっと傷ついちゃうのはかわいそうですよね。

この噛み合わない会話の原因のひとつは解決策にあります。

子どものグチをよく聞いていると、子どもは子どもなりの解決策をちゃんと持っていることが多いのです。解決策は持っているから相談するわけではなく、グチを聞いてもらえるだけでいいのです。

ただ、この**子どもなりの解決策が曲者**です。あくまでも子どもなりなので、大人から見るといい加減だったり不十分だったりして解決策になってない場合もあります。それじゃうまくいくわけがない、と感じる解決策も多々あります。だから、大人は解決に乗り出すわけです。

子どもの解決策が明らかに間違っているときはやはり止めなければいけません。しかし、あからさまに反対したら子どもは聞きません。余計頑なになって間違った方向に進んでいってしまうこともありえます。

そんなとき私は、子どもが正しい道に行くことを信じて一緒に考え、選択を任せます。

大人の意見と子どもの意見を同じテーブルに乗せて子どもに選択させれば、ほとんどの場合正しいほうを選択します。「なんだ、ちゃんと分かってるじゃん」と思うんです。子どもからしてみれば、「何が正しいかは分かっているけど、強要させられるのは嫌」という気持ちなんでしょうね。

こんなとき大人がうまい接し方を知っていれば、子どもが納得した上で修正することができます。

中学1年生・東山健太くんは、まさしくそんな子でした。勉強は大っ嫌い。野球に夢中で、授業は聞いていない、宿題は出さない、家で勉強は1秒もしない、当然テストはボロボロ。塾に来るのなんて絶対嫌だ！　このような子です。

そんな状態で、お母さんに無理矢理塾に連れて来られました。一刻も早く塾から抜け出したいという感じです。ここまでひどい生徒は久しぶりでした（笑）。

私が何を聞いても「フッー」「疲れた」と答えるだけです。

「塾に来るのはイヤ？」と聞いたら、そのときだけは「うん」と即答でした。

内心「こりゃキビシイなぁ」と思いながら、せっかく連れて来てくれたお母さんに対して、何かしてあげたいという気持ちで会話を続けました。

「ねぇ、じゃあ、お母さんはなんで嫌がる君をわざわざ塾に連れてきたんだと思う？お母さんだって、君にわざわざ嫌なことをさせたいと思っているわけじゃないと思うんだけど」

思春期の子どもの中には社交辞令やお世辞、建前といった大人が使う会話を嫌う子がいます。そんな子には本音で話をしないと気持ちは通じません。

健太くんとも本音だけで話をしました。

健太くんに、お母さんが無理矢理健太くんを連れてきた理由を真剣に聞けば、まさか嫌がらせのために連れて来たなんてことは言いません。ちゃんとお母さんの気持ちも分かっています。

そんな話をしていくと、幸い健太くんも勉強ができるようになりたいという気持ちは持っていることが分かりました。そこで私もホッとしました。

しかし、ここで子どもなり解決策の問題が出てきました。

健太くんは勉強が大っ嫌いです。できればやりたくありません。ですので、そんな健太くんなりの解決法は「とりあえず今のままいく」でした。

今、勉強ができてないんだから、今のままで勉強ができるようになるわけがありません。そんなこと、考えるまでもなく分かっています。これでは問題は解決しません。

ですが、これが健太くんの解決法でした。

問題を先延ばしにしただけで何の解決にもなっていないのに解決したような気になってしまうのは、私たちでもあります。しかし、それではいつか大きなツケが回ってくることは分かりきっています。少なくとも2年後には高校受験が待っています。そのとき大変な思いをするのは健太くんです。

今から少しずつ勉強していくか、2年後に大変な目をみるか、健太くんに選んでもらったら、前者を選びました。やっぱりちゃんと分かっています。

その上で、勉強ができるようになる方法を一緒に考えました。全部で4つ考えました。

・学校の授業をちゃんと聞く
・家で勉強する
・お母さんとお父さんに教えてもらう
・塾に通う

「この4つ、どれにする?」

健太くんはいろいろ考えた末、塾に通うことを選びました。

大人から見れば、健太くんが自分ひとりで何とかすることはほぼ無理だということは明白です。だから、無理矢理にでも塾に連れてきているわけです。

しかし、無理矢理塾に入れようとしても反発するだけです。最初の健太くんの態度がそれを表しています。

子どもと一緒に考えて、子どもの意見も大人の意見も同じテーブルに乗せた上で選択させれば、子どもは正しい道を選びます。

もしそれでも正しい道を選ばなかったとしたら、それは大人の恣意《しい》が入っているか、そうでないとしたら今はその時期ではないのかも知れません。

もし失敗してしまったとしても、それは子どもが納得できる経験になるでしょう。

子どもが正しい道に行くことを信じて、一緒に考えて、選択を任せる。

これは少し勇気がいるかも知れません。

ですが、これはその先に子どもの自立が待っている接し方です。

話がかみ合わない「自分の世界を持っている子」

大人と子どものコミュニケーションの違いのひとつに、相手や場所に合わせてコミュニケーションを変える能力の違いがあります。

大人は相手や場所に合わせて、コミュニケーションの取り方を変える能力を持っています。

たとえば、目上の人に対しては敬語を使いますし、小さな子どもには分かりやすく簡単な言葉で話しかけます。ビジネスの場では丁寧な言葉を話しますし、臨機応変に社交辞令やお世辞を使います。これらはよい関係を作るために必要な能力です。

それに比べて子どもは、相手や場所に合わせてコミュニケーションを変えることをあまりしません。どこでもどんな相手でも自分が持っているコミュニケーションの方法で接することが多くあります。

大人のほうがうまくそれに合わせられる場合はいいのですが、子どもの発言が理解しがたいときはコミュニケーションの難しさを感じることと思います。

たとえば、芸術家タイプの子どもです。自分だけの世界を持っていて、よく自分の世界に入り込んでしまう子、マイワールドを持っている子です。そういう子どもは空想する習慣があります。

こんな子どもと話をしていると、ときどき「あぁ、また自分の世界に行っちゃったかな」と感じるときがあります。そんなときは大抵会話がかみ合わなくなってきます。そんな子どもがどういう言葉を使っているか、どういうコミュニケーションをしているかをよく観察すると、不思議な言葉の使い方をしているのが分かります。

本来その言葉が持っている意味ではない、別の意味で言葉を使っていることがよく見られるのです。

それを私は**ルビ語**と呼んでいます。ルビというのは難しい漢字などにふるフリガナのことをさします（例：林檎《りんご》、無花果《いちじく》など）。

ルビとは本来、その漢字の正式な読み方を表わしますが、自分の世界を持っている子どもはある単語にその子独自のルビをふって話をするのです。

普段私たちは、言葉が持っている意味をそのままの意味として使って会話をします。

たとえば、

「佐藤さん、今日機嫌よさそうだよね」

「あぁ、そうだね～」

「何かいいことあったのかな？」

「あ、最近、テニスをはじめたって言っていたよ」

といった感じです。これ、ごく普通の会話ですよね。言葉が言葉通りの意味を持っています。

ですが、このルビ語を使う場合は、言葉が持つ本来の意味とは違う意味を持ちます。言葉の上に違う意味のルビがふられるわけです。そして、そのルビを使って会話をするのです。

たとえばこの間、生徒とこんな会話がありました。何気ない会話の途中に生徒が、

「佐藤先生ってココアだよね」

（……何？　ココアって？　佐藤先生の好きな飲み物？　それにしても、なぜ今その

話題？）

一瞬何のことか分かりません。

実はこの生徒の言葉にはココアの上にルビがふってあるんです。何か別の意味です。当然私には何の意味があるのか分かりませんから「それってどういう意味？」と聞き返すと、子どもからは「えぇ～、ココアはココアだよ。分かんないかな～」と返事が返ってきます。子どももも、はっきりとルビ語の意味を分かって使っているわけではないのです。

しかし、子どもにとってはルビ語の会話をすることには意味があります。言葉遊びであったり、仲間意識を確かめるものであったり。ルビ語で会話ができるかどうかは、この子と仲よくなれるかどうか、仲間になれるかどうかの基準でもあります。

そのため、「それってどういう意味？」という返事は、このルビ語の会話を閉ざしてしまうのであまりいい返事ではありません。これが続くと、子どもは「この先生、話が通じない」という印象を持ってしまい、関係が崩れてしまいます。

いい関係を作るためには、ルビ語で会話をしてきたらルビ語で返すのがコツです。

「佐藤先生ってココアだよね」と言われたら、

「あぁ～、なるほどね～。分かる分かる。だったらさ、近藤先生って紅茶っぽいよね」

「そうそうそう、紅茶にミルクがいっぱい入ってそう」

なんて。

正直、自分が何を言っているのかは、さっぱり分かりません（笑）。

さっぱり分からないのですが、ちゃんとルビはふってあるみたいです。この子にとっての意味はあるのです。それがなぜ分かるかと言うと、間違えると訂正されるからです。このとき、

「だったらさ、山本先生はコーヒーだよね」

とつけ加えてみたところ、

「山本先生はコーヒーじゃないよ。チャイって感じじゃない」

って、訂正されました（笑）。

何をどう間違えたのかは分かりませんが違ったようです。私としてはどっちでもいいよ（笑）と思うのですが、子どもにとってはどっちでもよくはないんですよね。山

本先生はコーヒーじゃなくてチャイなんです。だから、

「あ、そっかぁ、チャイかぁ～、じゃあシナモンいっぱいふっておこっか」

と言うと、うまくつながります。


ですが、実はこのルビ語には大きな問題がひとつあります。

それは、何を伝え合っているか分からないという問題です。ですから、正確なコミュニケーションは期待しないでください（笑）。正確なコミュニケーションは、またルビ語じゃないときにすればいいんです。

ここで目的としたいのは、**子どもといい関係を作る**ということです。

いい関係さえ保てていれば、正確に伝える機会はまたやってきます。ですが、いい関係を崩してしまうと、次にそれを取り戻す機会はもしかするとやってこないかも知れません。


お母さん、お父さんの反応を見ていると、お父さん方は子どものルビ語を理解することが難しいようです。お父さんの中にはこういう会話を聞いていると、イライラす

る方もいらっしゃいます。

「何言ってんのかさっぱり分からん」

と言うんですね。

「よくそれで会話が成り立つなぁ〜」

なんて呆れています。これはある意味、大人の正常な反応だと言えます。

大人になって社会に出ると、正確に物事を伝えることが必要になります。

そのため、言葉が持つそのままの意味で会話をする必要があります。そうすると、ルビ語なんて使っていられません。会議のときにルビ語なんて使っていたら話がまとまりませんから（笑）。

私たち大人は、ともすると会話を楽しむこと、言葉を楽しむことを忘れてしまいがちです。子どものころはルビ語を使っていた人も、大人になると使わなくなってくるようです。子どものころによくやった言葉遊びをしなくなってしまいます。

しかし、子どもにとって、言葉はとっても身近な遊び道具のひとつなのです。

もし、近くにそんなルビ語を使っている子どもがいたら、ちょっと子どもの真似して使ってみて下さい。きっと楽しい会話になりますよ。

「でも」「だって」ばかりの子ども

「でも……」「だって〜」というセリフは、反論や反抗、言い訳のために使われるばかりではありません。「でも」「だって」をよく使う子どもの中には、それらの言葉をまったく違う理由で使う子どもがいます。これを知らないと、余計なイライラを生んでしまいます。

中学3年生の女の子・三村伊織さんはとても勉強のよくできる子です。地区でトップの高校を志望していて、学校のテストでも80点以下は取ったことがないような子です。ですがこの子、いつも勉強に弱音を吐いています。

「数学分かんな〜い」

「どうせ解けないに決まってるもん」

「この長文、意味分かんな～い」

先生たちは伊織さんの実力を知っているので励まします。

「この間の模試はすっごいよかったじゃん」

「大丈夫、この調子ならいけるって」

しかし、伊織さんは
「でも、この問題分かんないも～ん」

「だって、合格判定Cだも～ん」

と「でも」「だって」で反論してきます。

どれだけ励ましても、勇気づけても同じです。必ず「でも」「だって」が返ってきます。その内、このやり取りに先生が根負けして、最後は結局伊織さんの「だから、無理なんだって」で会話が終わります。

一事が万事こんな調子なので、先生たちからは伊織さんはネガティブな子だと思われています。

ですが、伊織さんをよく観察していると、実際は少し違います。

伊織さんは先生が近くにいないときはそんな弱音は吐いてないんです。勉強はできる子なので、ちゃんとひとりで勉強しています。そこから見えてくることがどういうことかと言うと、私たちが近くにいるとネガティブになるということです。

私たちが近くにいなければ、弱音も「でも」「だって」も言わないのです。子ども同士なら言わないです。

なぜこんなことが起こるかというと、伊織さんにとって、

「悩んでいること」＝「先生が声をかけてくれる、先生にかまってもらえること」

だからです。

伊織さんはひとりっ子で、どちらかと言うと寂しがり屋です。人が集まっていると必ず輪の中に入ってきますし、自分から先にその輪から出ていくことはありません。いつも最後まで輪に残っています。そして、年上の人にかまってもらうことが大好きです。学校の先輩にもよく可愛がってもらっていました。

そんな伊織さんにとって、塾の先生は好きなときにかまってもらえるお姉さんお兄さんのような存在でした。

私たちのような先生と呼ばれる大人は、子どもの役に立ちたいと思っています。生

徒が悩んでいると、力になりたくってしようがないんです。放っておけないのです。

ということは、伊織さんは悩んでいる限り先生にかまってもらえるし、注目を浴びることができます。言い換えると、もし悩みがなくなってしまったら、先生からの注目はなくなってしまいます。それでは伊織さんは困ってしまうのです。

つまり、**悩みをなくしちゃいけない、常に持ってなきゃいけない**のです。

そこでどうするかと言うと、どんな提案やアドバイスに対しても「でも」「だって」で答えるわけです。そうすれば、いつまでたっても悩みはなくならないし、先生からの注目を浴び続けられます。伊織さん自身がそのことを分かってやっているわけではありませんが、無意識下でこのような心理を持っていると考えられます。

子どもほど多くはないですが、こういったことは当然大人にもあります。

たとえば、悩みの相談を受けて親切心でアドバイスをしても、いつまで経っても会話が堂々巡りになってしまい、話が進まない友達はいませんか？

「こうしてみたら？」「こうしたらいいんじゃない？」といくら提案しても、どれも納得せずに「だってさぁ、そうするとさ……」「でも、それはちょっとできないなあ」と反論が返ってくる。こちらがいくら提案しても、すべて「でも」「だって」で返ってくるので、結局、いつまで経っても話が進んでいかないという会話のパターンです。

このパターンを取っているときの相手の心理は、伊織さんと同じ状態です。相談に乗ってもらうことが目的なので、問題が解決すると困るわけです。

だから、いつまででも会話が解決に向かっていきません。

ただ、問題が解決に向かわないからといって「もう勝手にすれば！」という対応をしてしまうと冷たい大人という印象を与えてしまいます。

子どもは大人よりも感覚を大切にします。こうした一見意味のないやり取りがとても大切だったりします。

ですから、私はそんな場合、悩みや相談事を解決しないように相談に乗ります。

もちろん、提案やアドバイスはします。子どもはそれを求めていますから。ただ、その提案やアドバイスで解決しようとは思いません。ただ提案をして、「でも」「だって」が返ってきて、また提案をして、「でも」「だって」が返ってきて、そのやり取りを楽しみます。

そう対応すると、こちらの気持ちが安定します。解決しようとして相談に乗っていると、いくら提案をしても解決に向かっていかないので、イライラしてきます。最終的には、「あぁ、力になってあげられなかった」と傷ついたりします。

しかし、実はそうではないのです。元々子どもは解決を求めていないわけですから、イライラしたり傷ついたりする必要はないんです。子どもはただ会話を楽しみたいだけなんです。こちらが提案し続けていれば、子どもは自分が満足したときに、「まぁ、やるしかないってことね」と自分から会話を切ります。そうしたら、会話を止めればいいのです。

解決しないように相談に乗るというと、少し変な感じがするかも知れませんが、子どもとの会話を楽しむ方法として捉えると、また違った会話が楽しめますよ。

言い訳ばかりで話が前に進まない子ども

思春期の子どもは、自分が責められたり、否定されることに関してとても敏感です。他の年代の子に比べて些細なことに過剰に反応してくることがあります。たとえば遅刻した子どもに「遅刻だよ。どうしたの？」と聞くと、

「だってしようがないじゃん。目覚ましが鳴らなかったんだもん」

「そんなこと言ったって、遅刻したのは俺のせいじゃないよ。母さんが晩ご飯作るのが遅れたからだもん」

という言葉が返ってきます。こんな言い訳は聞きたくありませんし、遅刻したのは誰の責任か、何が原因か、という話をするつもりもありません。余計に疲れてイライラするだけですから。できればそんな言い訳は減らしたいです。

だって…
そんなこと言ったって…

そんなとき、**前提を作るという方法**を使うとうまくいきます。**子どもが起こしてしまったことを、あれこれ言ってもしようがないことという前提にして話をするん**です。遅刻してしまったことはもう起きてしまったことなので、今さらあれこれ言ってもどうしようもありません。ですので、それは前提にします。そして、**じゃあこれから何をするか？**　ということだけに話の焦点を当てます。

「遅刻して時間が短くなっちゃたのはしようがないからさ、急いで頑張ろうっ！」

といった感じです。こうすれば遅刻した原因も、勉強時間が短くなってしまったことも、すべて**言ってもしようがない前提**になります。そして、今できることだけに焦点を当てられます。

そうすると、子どもも今の現実だけを受け止めて、

「うん、分かった。頑張るっ！」

と机に向かってくれます。

悪いことをしたときも同じです。たとえば、兄弟や友達と遊んでいて物を壊してしまったとき、

「誰が壊したの？　どうして壊したの？」

と言ってしまうと、子どもからは言い訳が返ってきます。

「え～！　○○くんが押してきたから落としちゃったのにぃ！　○○くん、片づけろよっ!!」

と、また余計なケンカがはじまってしまいます。


しかし、壊れたことを前提にすると、こうなります。

「あっ、壊れたんだ。まあ、壊れるのはしようがないからさ、怪我してない？　それ、壊れたのがそのままだと他の子にも危ないからさ、片づけられるかな？」

そう言うと、「はーい」と素直に片づけてくれます。

こういった接し方は、実はこっちが失敗したときにも使えます。たとえば、何か頼まれていたことを忘れちゃったとき、

「ごめ～ん。すっかり忘れちゃってた」

と言うと、

「だからちゃんとやってねって言ったのに！　俺が宿題忘れると怒るくせに、自分だって忘れるじゃん！」

なんて、憎まれ口までついてきます。でも、忘れちゃったことを前提にして、

「あぁ、そっか。ごめん、ごめん。忘れてた。　じゃ、その代わりに何かしようか？何がいい？」

と、今できることに焦点を当てます。そうすると、

「えっ、いいよ。俺もよく忘れもんするし、許しといてあげる。俺、優しいからさ」

なんて嬉しい言葉が返ってきます。

思春期の子どもの中には、言い訳ばかりする子どもがたくさんいます。それは子ども自身の成長過程のひとつだとも言えますが、見方を変えると**大人が言わせている**とも考えられます。

というのも、何か問題が起きたとき、**私たち大人はつい「なぜ？」「どうして？」と原因を追究しがち**だからです。

大人が原因を追究するので、子どもはそれに答えるために言い訳をします。そのやりとりに慣れてしまうと、子どもは何か問題が起こる度に言い訳を探すようになります。それは大人が求めてくるものに応えているのです。

また、私たち人間がすることには、原因が分かったところで改善できないこともたくさんあります。

「つい忘れちゃった」と言われても、忘れた理由はさまざまです。「忙しかったから」「他のことに意識がいっていたから」「そもそも、いつも忘れっぽい」。こんな原因を改善することはかなり難しいです。

そして、原因がハッキリ分からないことも多くあります。「なんとなくやる気がでない」「分かっていたけど、いつもの癖でやっちゃった」ということは、大人にだってあります。その原因を追究されても、困ってしまいます。原因を追究しても改善できないなら、それには触れないほうが得策です。

起きてしまったことは「あれこれ言ってもしょうがないこと」とし脇に置いておいて、これからすることに焦点を当てたほうが余計な言い訳や争いがなくなってうまく話が進みます。

もちろん、原因を追究することは一概に悪いことではありません。原因を見つけ、改善することで、同じことが起こらないようにすることができますから。

そういった理由から原因を見つけるのであれば、少し時間を置いて冷静に話ができるときに話したほうがスムーズに話せます。

ことが起きた瞬間はこちらもカーッとしています。子どもも「あ、やっちゃった……」という気持ちでいます。そんなときに「なぜそんなことしたの？」と聞くと、どうしても責めるニュアンスが伝わってしまいます。

お互いに落ち着いてから、「ねぇ、ねぇ、さっきのことなんだけどさ、少し話してもいい？」と話をはじめて、「何が原因で起こっちゃったのかな？」と原因を見つけて、「じゃ、これからどうしたらいい？」と解決策を見つけるとうまくいきます。

ただ、そのときに気をつけて欲しいのは、責める気持ちを持たないことです。責める気持ちで話をすると、子どもは問題を蒸し返された気持ちになります。「何よ、また言ってくるの?!」と防御の姿勢になってしまいます。

あくまで、次につなげるために話をするという姿勢が大切です。

5章

親も子も肩の力を抜いて
ゆっくり成長するために

自分にOKを出す

最後の章は、あなた自身のための章です。
あなた自身が、肩の力を抜いて、無理をせず、ゆっくり自分のペースで親として成長していけるための方法を書きました。前章までとは少し違った観点で読んでみて下さい。

きっと、ここまで読んでいただいて感じているかもしれませんが、この本に書かれていることはそれほど特別なことではありません。特殊な技術を身につけなければできないものでもありません。今からでもすぐにできる簡単なものばかりです。
ここに書いた方法の中には、コーチング・心理学としては学んできてはいなくても、「これなら今までもやってきた」というものもあったかも知れません。

講演を聞きに来られたお母さんからも「今まで私がやってきたことは間違ってなかったんだって安心しました」「もう少しいろいろやってみようと思いました」という感想をいただきます。

そうなんです。コーチング・心理学はそんなに難しいものではありません。その気になれば、いつからでもすぐにはじめられます。もちろん、本格的に学ぼうとしたら一生分の価値と労力をかけられるものです。ですが、子どもとのコミュニケーションや家族、友達、職場の人との人間関係に活かすだけであれば、気軽にはじめられます。

もしこの本を読んで「コーチングって面白そうだな」「ちょっと試してみようかな」と思ったら、本を読んだり、セミナー・公開講座に参加してみて下さい。きっと新しい発見がまだまだ見つかると思います。

そして、新しいことをはじめるときにおすすめしたいことがひとつあります。

それは**自分にOKを出す**ということです。**うまくできる自分にも、うまくできない自分にもOKを出すこと**です。

これは私自身の経験から話をしたいと思います。

以前の私は、うまくいっている自分にはＯＫを出せるけれども、うまくいっていない自分にはＯＫを出すことができませんでした。失敗した自分、恥をかいた自分、かっこ悪い自分にはＯＫが出せませんでした。

私はこう見えてもいい格好しいなんです。人前では自分をよく見せたいという欲をたくさん持っています。ですので、失敗は見せたくありませんでしたし、過去の失敗はできれば見なかったことにして欲しいと思っていました。

そのせいで、どんなことにおいても、新しくはじめる最初の一歩がなかなか踏み出せませんでした。最初の失敗が怖かったんです。失敗した後の格好悪い自分を見るのも見せるのも嫌で、自分の失敗を受け入れることができませんでした。

しかし、今はまったく反対に「**うまくできないって楽しい**」と思えるようになりました。失敗を受け入れられるようになりました。失敗した自分、うまくできない自分にＯＫを出せるようになりました。

なぜそう変わったかと言うと、ある研修での経験から、失敗した後の次の一歩が自分の成長につながっていることが分かったからです。

その研修の中でひとり1分半のスピーチをする時間がありました。決められたテーマについて考えていることを、参加者に向けてスピーチをするのです。

いい格好しいの私の頭の中では、颯爽とスピーチをしている自分の姿のイメージがありました。落ち着いた声で、分かりやすいスピードで、笑顔を保ち、論理的な構成で、心が伝わるように話している自分が。

しかし……、実際にはそれとはまったくかけ離れた結果でした。全然うまくできませんでした。もしその姿をビデオに撮られていたら、すぐに消去してしまいたくなるような、ボロボロのスピーチでした。

そのスピーチが終わったとき、そんな自分にOKが出せませんでした。

「こんなはずじゃない。本当ならもっとうまく話せるはずだ」

そう思い出すと、どんどん言い訳が出てきます。

「急にスピーチなんて言われたから考えがまとまってないし、順番が最初だったから参考にする人もいなかったし、普段だったらもっとリラックスできたのに……」と言い訳のオンパレードです。

でも、研修の最後に、自分のいい格好しいを手放すことができました。スピーチがうまくできなかった自分にＯＫを出すことにしたんです。

悔しいけど、これが今の自分の実力だ。失敗したことは嫌だけど、今さらそんなことを気にしていてもはじまらない。

そう思ったら、今度は次へのアイデアが出てきたんです。次に話すときはこうやって話を組み立てて話そう。私は早口だからもう少しゆっくり話そう。この人の話し方がうまかったから次は真似してみよう。

うまくスピーチするための方法がどんどん思い浮かんできます。

このときに気がつきました。

できない自分にＯＫを出さないと、言い訳が出てくる――。

できない自分にＯＫを出すと、次へのステップが見えてくる――。

次へのステップが見えてくると、「できないこと」が急に「これからできること」に見えてくるんです。

この発見は私の中では小さな感動でした。

それ以来「うまくできないって楽しい」と思えるようになりました。そして、最初の一歩を踏み出すことに躊躇をしなくなりました。

これが分かってから、子どもたちへの対応がひとつ変わりました。

子どもの話を聞いていると、子どもは「勉強ができないから、勉強が嫌い」と言います。

できないから嫌いという理由は一見すると当たり前のようにも思えますが、勉強に限らずスポーツでも、音楽でも、演劇でも、ゲームでも、料理でも、最初からうまくできる人はいません。最初は誰でもヘタッぴです。

しかし、最初から好きな人はいます。

この違いは何でしょう？

それは、できない自分にOKを出せるかどうかではないでしょうか。スポーツがうまくできない自分にOKを出せるか出せないか、この数学の問題を解けない自分にOKを出せるか出せないかです。

できないことは、あくまでひとつの結果であって、その人自身を否定することではないはずです。それなのに、「できないこと＝できない人」になってしまって、できない自分を否定してしまうことはよくあります。

だから、勉強ができない自分が嫌いで、できない勉強が嫌いになるんだと思います。

私は子どもたちにこう言います。

「できないことは恥ずかしいことじゃないからね。できないのは、今できないってだけで、今までの勉強が足りなかったってだけだから。

これからそれをできるようにしていけばいいんだよ。できないところがいっぱいあるってことは、それだけ点が伸ばせるところがいっぱいあるってことでしょ。だったら、これからが楽しみじゃない？」

この言葉を子どもだけでなくあなたにも伝えたいです。

できないことは恥ずかしいことでもなんでもありません。できないことなんて、誰だっていっぱいあります。

イライラして子どもに怒鳴ってしまったり、甘えてくる子どもを受け止めてあげられなかったり、話しかけてくる子どもに「はいはい、後でね」と相手をしてあげられなかったり、言うことを聞かない子どもを叩いてしまったり。

私の知り合いのお母さんに、毎晩、眠っている子どもの寝顔に向かって「ごめんね」と謝っているという方がいらっしゃいました。子どもに優しく接したいのに、いいお母さんでいたいのに、思い通りにいかなくて「このままでいいのだろうか」と毎晩悩むのです。そして、うまくできなかったことを子どもに謝っているのです。

そんなときは自分にOKを出してあげてください。**思ったようにできなかったり、怒鳴ってしまったり、優しくできなかったり、ゆっくり相手をしてあげられなかったり、思わず叩いてしまったり。そんな自分にOKを出してあげてください。**「こんな日もあるさ」「私だって一生懸命やっているんだから」って。

うまくできなかった自分にOKを出せないと、失敗することが恐くなって次に進めなくなってしまいます。そしてそれが続くと、自分の中に閉じこもってしまいます。でも、うまくできなかった自分にOKを出すと、安心して次に挑めます。今日は今日、明日は明日さ。うまくいかなかったことは、明日できるかどうかのお楽しみ。

次へ行動する意欲を考えた場合、うまくできなかった自分にOKを出すことは大きなプラスになります。成功だけの人生なんてありえませんし、失敗だけの人生もありえません。

誰でも、多くの成功の裏には、比べようもないほど多くの失敗が隠れています。失敗を恐れて止まるよりも、まずやってみることです。


子育てはいつだってはじめての連続です。昨日とまったく同じことが起こるなんてありえません。だったら、失敗は当たり前です。新しいことをはじめるときや今までの方法を変えたときは、誰だって失敗だらけです。

そんなときは成長のチャンスです。ぜひうまくいかない自分にOKを出して歓迎してあげて下さい。

OKを出せているかどうかのサインは言い訳です。

うまくいかなかったときに言い訳が出てきたと感じたら、是非うまくできていない自分にOKを出してみてください。本当はもっとうまくできるのに、こんなはずじゃないのに、という気持ちを手放して、今の自分を受け止めてあげてください。

そうしたら、次の成長の一歩が見えてきますよ。

子どものモデルになる

子どもの成長のほとんどは真似からはじまります。身近な大人をモデルとして真似をすることで新しいことを覚え成長していきます。

そして、親は子どもにとっての一番のモデルです。子どもは親の背中を見て育ちます。そして、その背中から多くのことを学びます。

やりがいを持って働く親の姿を見て、働くことの意味を知ります。

親の学ぶ姿を見て、学ぶことの大切さを覚えます。

親と親の友達とのかかわりを見て、友達の大切さを学びます。

親が人生を楽しんでいる姿を見て、子どもは人生の喜びを感じます。

子どもに対して、ああして欲しい、こうなって欲しい、と思うのであれば、**「ああしなさい」「こうしなさい」と言うよりも、まず親である自分がそう生きることが最**

も強力な教育なのです。

子どもに「人から言われなくても勉強するようになって欲しい」のであれば、私たちが勉強していなくては説得力がありません。

テレビを観ながらビールを飲んで酔っ払っている親に「おい、勉強やったか?!」と言われても説得力がありません。まず自分が勉強をしている背中（本を読むでもいいと思います）を見せることが大切です。

「俺は会社でしっかり仕事しているからいいんだ」と言うこともできますが、それなら子どもから「僕も学校で勉強してるもん」と言い返されてもしようがありません。

子どもに「夢や目標を持って欲しい」と願うなら、私たちが夢や目標を持っていなくては言葉に真実味がありません。「大人になるとなかなか夢や目標が見つからないんですよ」とも言われます。確かにそうかも知れません。日々の忙しさに追われて夢・目標が見つけられないときもあります。しかし、実際に夢・目標を持っていなくても、見つけるために何をしているかを見せることはできます。

約束を守る子どもになって欲しければ、私たちが子どもとの約束を守ることです。

私たちが子どものころ、約束を守らない大人に対してどんな気持ちを持ったでしょう？

子どもから「口だけで約束を守らない」と思われるような大人にはなりたくありませんよね。

人の話を聞ける子どもになってもらいたいなら、私たちがしっかり子どもの話を聞くことです。「後で聞くから、ちょっと待ってて」と言ってそのままになってしまったことはありませんか？　忙しくて手が離せなければ、後ででも構いません。ちゃんと聞いてあげて下さい。

私が思い描く親と子どもとの関係はそんな関係です。子どものモデルになれる関係です。

そして、私のような先生と呼ばれる大人も、同様に子どものモデルです。

私もいつも意識するようにしています。

私は先生と呼ばれるだけの子どものモデルになれているだろうか？

子どもたちが学べるような背中を見せられているだろうか？

正直に言うと、私もまだ「もちろん」と自信を持って答えることはできません。自信を持って見せられる部分もあるし、子どもには恥ずかしくて見せられないような部分もあります。

私が今、学び続けている理由のひとつはそこにあります。学び続ける私を見て、子どもに学ぶ意味や楽しさを感じてもらいたい。そんな背中を見せたいのです。

親と子どものコーチングは、決して子どものためだけのものではありません。親が自分の人生を自分のために生きるためのものでもあります。

子どものことを考えるのと同じぐらい、自分のことを真剣に考えてみてください。

子どもの将来を見つめるのと同じように、あなた自身の将来を見つめてみてください。

きっとそこから子どもは何かを感じ取ってくれます。

そしてこれは親にとって一番大切なことではないかと思うのです。

感情を伝える

良好な親子関係を邪魔するのは、多くは怒りの感情です。

他人の子どもならば我慢できるものも、自分の子どもにだと我慢できなくて怒ってしまうことがあります。

もし、怒りの感情とうまくつき合うことができたら、親子の関係はずっとスッキリするのではないでしょうか。

私たちは怒りだけではなく、日々いろいろ感情を感じています。嬉しい、楽しい、悲しい、つらい、ワクワク、ドキドキ、ウキウキなど、数え上げたらキリがないほど多くの感情を持っています。

それらの感情は大きく分けると２つに分類できます。

一次感情（身に起こった事柄に対しての感情）と、**二次感情**（一次感情から引き起

こされた感情）です。

そして、怒りの感情は二次感情であることが非常に多いのです。怒りの感情が起きたとき、それを引き起こした一次感情があるのです。

コミュニケーションにおいて、感情を伝えることはとても大切ですが、怒りの感情をそのまま伝えてもあまりいいことはありません。

怒りの感情を持ったとき、その怒りを引き起こした一次感情は何かを考えてみてください。その一次感情を伝えることで関係は大きく変わってきます。

以前、私の妻とこんな出来事がありました。

その日は結婚記念日でした。

私も妻も仕事を持っていました。妻はその日の仕事を定時の5時きっかりに終えて家に帰ってきました。私が仕事から帰ってきたらすぐに晩ご飯を食べられるように急いで準備をし、私が大好きなクルミプリンを作って待っていました。

しかし、なかなか私が帰ってきません。いつもなら7時ごろには私も帰るのですが、この日に限って帰りませんでした。

実はその日、仕事で思わぬ大きなクレームが発生してしまい、私は得意先を駆けずり回っていました。その日が結婚記念日だということもすっかり忘れていましたし、まさか妻がそんな用意をして待っているとは思いよりませんでした。

妻が私を驚かせようとして、内緒で準備をしていたのが裏目に出てしまったのです。

「せっかく驚かせようとしたのに……。一緒に楽しもうと思ってたのに……」

8時を過ぎても私は帰ってきません。

あまりに遅いので、だんだん心配になってきました。

「もしかして、何か事故にでも遭ったんじゃないよね？　いつもなら、遅くなるときは、遅くなるって連絡があるのに……」

9時を過ぎて、ますます心配になりソワソワしてきました。携帯にかけてもつながらない。会社に電話しようかどうしようかと迷ったほどだったそうです。

すると、

「ただいま〜」

結局、私が帰ったのは10時過ぎでした。彼女から一番に出た言葉は、

「遅いわね！　何してたのっ!!」

私は得意先からのクレームの対応で一日駆けずり回ってヘトヘトでした。携帯にも出られないほど忙しく、やっとのことで家に帰って来たのです。それなのに妻の第一声がこのひと言です。私は逆上しました。

「仕事に決まっててんだろっ！　何言っててんだよっ！　ご飯はっ!?」

「用意してあるわよ、とっくに！」

私たちは最悪の状況で晩ご飯を食べはじめました。

このときの感情を見てみると、妻が私に対して見せた感情は、怒りです。しかしその前に、この怒りの感情を引き出した感情があります。

一緒にご飯を楽しみたかったのに、できなかった残念な気持ち。ちゃんと結婚記念日のことを言っておけばよかったという後悔の気持ち。事故に遭ってないかな、という私を心配する気持ち。

これらが一次感情です。一次感情の〝残念、後悔、心配〟から、二次感情の〝怒

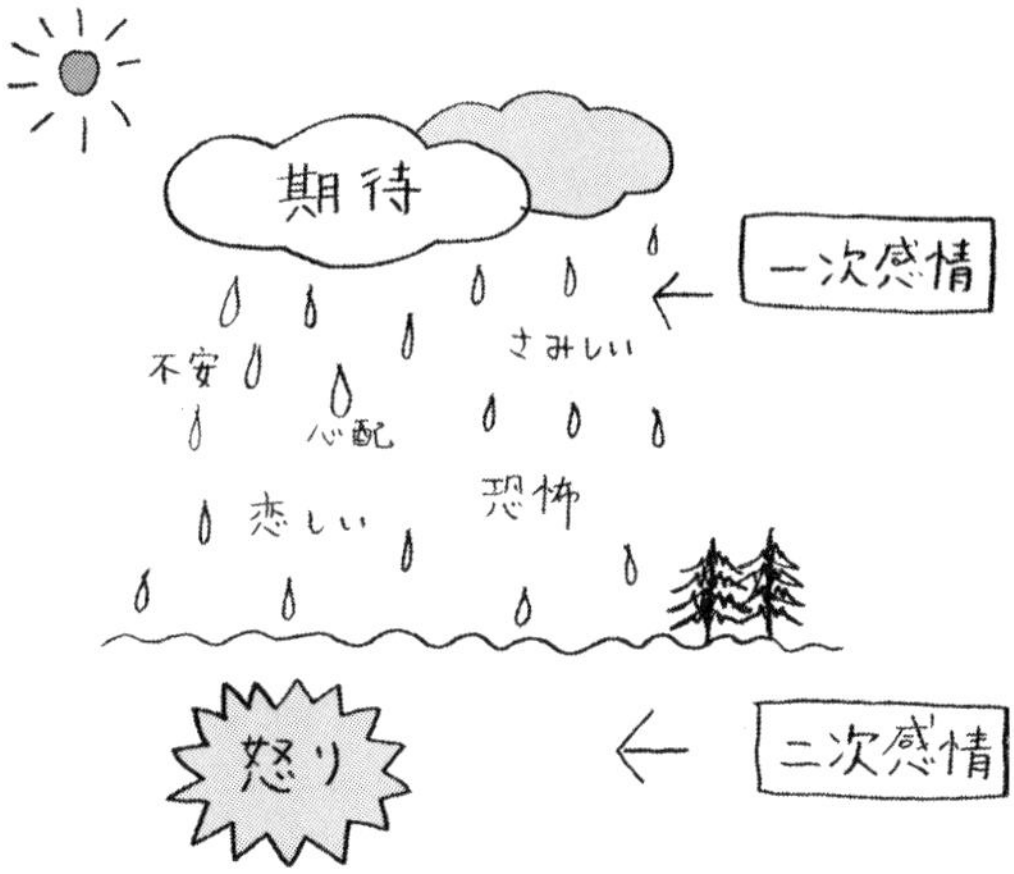

り〟が引き起こされたのです。
妻のひと言でキレた私も同様です。
一生懸命働いて、疲れて帰ってきた気持ちをないがしろにされた悔しい気持ち。
「大変だったね」と慰めて欲しかったのに、裏切られたような気持ち。
これが一次感情です。最初から怒鳴りつけるつもりで帰ってきたわけではありません。

このように怒りの感情は二次感情であることが非常に多いのです。そのため、怒りだけを消化させても解決しません。怒りを引き起こしている一次感情を落ち着かせてあげない限り、気持ちはおさまらないのです。
しかし、多くの場合、私たちは怒りを引き起こしている一次感情には気がついていません。

一次感情に気がつかないまま、怒りのみを爆発させているケースがほとんどです。

それで気持ちがおさまった感じがするのは、ただ怒りを爆発させてスッキリしただけで、本質的な解決にはまったくなっていないのです。

自分の中の一次感情に気づいて、それを落ち着かせなければ、気持ちを平穏に戻すことはできないのです。


実は、この最悪の結婚記念日は、この後の妻のひと言で素晴らしい結婚記念日に変身したのです。


そのひと言とは、どんなひと言でしょうか?

気まずい雰囲気のまま、黙ってご飯を食べていた私たちでしたが、ふと見ると妻が涙を流しています。

「こんなはずじゃなかったのに……。こんなんじゃないのに……」

私は少し驚いて、声をかけました。

「どうしたの？」

「今日……、結婚記念日なの……。だから、一緒にいたかったの」

私はそのときにハッと気がつきました。確かに、目の前の晩ご飯はいつもの晩ご飯とは違います。

「そっか……、だからこんなに豪勢なんだ……」

「クルミプリンも作ってあるんだよ……」

「そっか、ごめん……」

「ずっと待ってたの……」

「ごめんね……」

「一緒にお祝いしたかったの……」

この言葉を聞いて、私の気持ちは変わりました。この結婚記念日をこのままじゃ終わらせたくないって。私をビックリさせようとしてこんな準備をしてくれた気持ちを無駄に終わらせたくなかったのです。

「そっか……。じゃあさ、せっかくの結婚記念日だから、今から遊びに行こうよ！」

「えっ!?　今から？」

「うん、今から。今からだったら、映画のレイトショーにも間に合うでしょ。映画観て、ドライブして、帰って来たらクルミプリン。どう？」

「うん、行くっ！」

妻の表情もパッと明るく変わりました。

いつもの元気いっぱいな笑顔です。

「よしっ！　じゃあ、ご飯食べたら出かけよっ！」


そうです。妻が「一緒にいたかったの」「ずっと待ってたの」「一緒にお祝いしたかったの」と、一次感情を伝えたところから、大きく変わったのです。

車の中では、私も仕事でつらかったことを話して、妻に一次感情を受け止めてもらいました。

この後、映画の後にカラオケに行って、夜中まで遊んで帰ってきました。そして最後は大好きなクルミプリンです。

最高の結婚記念日になりました。

あんなに暗くよどんだ空気も、妻が一次感情を伝えたことですっかりクリアになったのです。

私にとって、この結婚記念日は一生忘れられない思い出です。


人は愛情を感じている相手ほど、気持ちを分かってもらいたくて抑えきれない感情をぶつけてしまうものです。

だから、子どもと一緒にいるとカッとなることがあります。

「こんなことが何で分からないの！」

「さっき言ったばかりじゃない！」

こんな言葉で怒ってしまいそうになったとき、一次感情を探してみてください。それを言葉にすると、どんな言葉になるでしょうか。

たとえば、こんなに簡単なことも分からなくて大丈夫だろうか、という心配な気持ちだとしたら、

「ねぇ、できなくっても大丈夫？　お父さん、ちょっと心配になってきちゃった」

という心配な気持ちを伝える言葉。

何度も同じことを教えているのに分かってくれない困った気持ちだとしたら、

「お母さん、一生懸命教えたつもりだったんだけど、分からない？　困ったなぁ……」

という困った気持ちを表す言葉。

勉強ができないことを自分のことだと捉えていなくて不安なのだとしたら、

「私、あなたよりあなたのことを心配している気がするんだけど」

という不安な気持ちを伝える言葉。

怒りの言葉を出す前に、その一次感情を言葉にして伝えてみてください。きっと子どもとの関係が変わってくると思いますよ。

おまけ『クルミプリンの作り方』

☆材料

クルミ　・・・　45ｇ
牛乳　・・・　150ｃｃ
生クリーム　・・・　100ｃｃ
砂糖　・・・　20ｇ
ゼラチン　・・・　3ｇ

☆作り方

①　160℃に熱したオーブンで10分クルミをローストし、すり鉢ですりつぶします。

②　鍋に牛乳、砂糖、ゼラチン、①をいれ、火にかけ、沸騰させない様にしながら砂糖とゼラチンを完全に溶かします。

溶けたら火から下ろし、5分ほどそのままにしてクルミの香りを牛乳によく移るようにします。

③　②に生クリームを加え布巾で漉します。

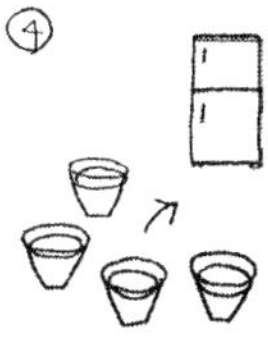

④　③を器に分け、冷蔵庫で冷やします。

うまくいかないパターンを変える

私たち人間は行動においても、思考においても、個々に特有のパターンを持っています。

それはクセと言われることもありますし、性格という言い方もします。「それがあの人のクセなんだよ」「彼はそういう性格だからね」と言われるときの〝それ〟や〝そういう〟はすべて個人が持っている特有のパターンです。

お風呂で体を洗う順番やスーパーに買い物に行ったときに何を見るか、はじめて会った人のどこを観察するかなどは行動のパターンです。

電車に乗っていて何もすることがないときに何を考えるか、友達から嫌なことを言われたときにどう捉えるか、非常にやっかいな問題に直面したときに何から考えるかなどは思考のパターンです。

これらは共に無意識のうちにそのパターンを使っています。

私たちはこれらのパターンがあるおかげで楽に生活ができています。もしこれらのパターンがなかったとしたら、一つひとつの事柄がとても大変です。お風呂に入るたびにどこから洗うかを考えていたら、とても時間がかかってしまいますし、問題が起こるたびに何から考えたらいいかを考えていたら、問題が解決していきません。パターンを持っているおかげで効率的に物事を進めていけます。

そんなパターンは私たちの経験から作り出されています。

だからこそ、ときに問題を起こしてしまう困ったパターンを持ってしまう場合もあります。いつもこの人とはうまくいかないとか、こんなときには決まってトラブルが起きてしまうとか。分かってはいるんだけれども、ついつい同じ行動を取ってしまう場合です。

親と子どもを見ていると、そんなパターンが見つかることがあります。

夜寝る時間になっても子どもがなかなか寝ないので、いつも子どもと言い合いになる。兄弟喧嘩の仲裁に入ると、途中からなぜか親子喧嘩になってしまう。

いつまで経っても勉強しない子どもを見ていると、イライラしてきて対応が冷たくなる。


こんなうまくいかないパターンをうまくいかせる方法が**分身スイッチ**です。

分身スイッチというのは簡単に言うと、**自分の分身を作って、その分身にうまくいかないパターンのときに対応させる**という方法です。

実はこの分身スイッチは、私の友人が見つけた方法です。

その友人には小学校1年生・大沢恭二くんという息子さんがいます。とても元気で活発なやんちゃな子です。やんちゃな子というのは、はた目から見ると子どもらしくていいですが、お母さんにしてみるとちょっと手がかかって悩みの種になったりします。

この友人もそうでした。

「確かに、元気で子どもらしくっていいんだけど、でもね……」

久しぶりにこの友人に会ったときです。彼女が私のそばに来て、宝物でも見つけたような顔でこう言います。

「大塚さん、いい方法見つけた」

どうやら恭二くんへのいい対応方法を見つけたみたいです。「なになに？」と聞くと、「大塚スイッチ」と言うんです。聞くと、この大塚スイッチは私（大塚）になりきるスイッチのようです。

「あのね、大塚さんだったらどうするだろう？　ってスイッチ」

恭二くんは小学校に入学してから、本人の希望で通信教材をはじめました。でも、やらないんです。その友人もあまり「勉強しなさい、勉強しなさい」とは言いたくないので、恭二くんが自分でやるまで見守っていたそうです。しかし自分からやりたいと言ってはじめたものなのに一向にやりません。

ひとりでやらないなら2人ではどうかと思って「一緒にやろうか」と言って机の隣に座ったら逃げていきます

「早くやりなさい！」と怒っても「は〜い」と返事だけは元気だけれども、言うだけでやりません。

それで、どうしたら自分でやるんだろう？　とかなり悩んだそうです。彼女は真面目なお母さんで、子育て関係の本もいろいろ読んでいます。そこには、小さなころから勉強する習慣をつけさせることが大切と書いてあります。だから、余計に悩むのです。

「あぁー、恭二に勉強をする習慣なんてつけさせてあげられるのかなぁ〜」

そして、子どもに勉強の習慣をつけさせてあげられない母親としての自分を責めてしまうのです。そんなときに、ふっと、「大塚さんだったら、どうするだろう？」と思ったそうです。

まず、最初に変えたのが、問題を間違えたときの対応でした。

恭二くんが問題を間違えますよね。そうしたら「あら、間違えてよかったじゃない」と言います。当然恭二くんは「えっ?!」とキョトンとします。そうしたら、こうつけ加えます。

「だって、今、間違えたってことは、次は間違えないで済むってことでしょ。これで学校では間違えないで済むね。よかったじゃない」

恭二くんも「うん」とニッコリ喜んだそうです。

これだけでも十分面白いのですが、彼女はまだ考えました。

「もしかしたら、机に向かって勉強して欲しいってのは、私のエゴなんじゃないか。別に机でやることにこだわらなくてもいいんじゃないか？」

そう思って何をしたかというと、夜、テキストを持って、お布団の上に行ったそうです。

「ねぇ、一緒に来ない？　今日はエンピツ持って来なくていいよ～」

そうしたら、恭二くんがやって来て、隣に寝っ転がったそうです。小1のテキストなので問題は簡単です。蝶々は何匹いるでしょう？　とか、おはじきはいくつあるでしょう？　とかです。それを布団の上で並んで横になりながら一緒にやったそうです。そうしたら、あっという間に一冊終わっちゃったそうです。そのとき「これだ！」と思ったそうです。「これでいいんだ」って。

これは別に大塚スイッチである必要はありません。大切なのは、自分以外の人だったらどうするだろう？　という視点を持つことです。

あの友達だったらどう対応するだろう？　あのお母さんだったらどんな言葉をかけるだろう？　そんな視点で見てみることです。

そうすることで、自分の分身を作れます。それが分身スイッチを見つけるということです。そして、その分身がやるように行動をしてみるのです。普段の自分とは違う対応をするということです。

うまくいかないときは、案外自分の悪いパターンに入り込んでいることがあります。それは、なかなか自分では気がつきません。

そんなときに、自分ではない他人の視点で見てみるのです。仲のよい友達でもいいですし、尊敬する人でもいいです。生徒とうまくやっている学校の先生でもいいですし、自分の母親でもいいかも知れません。

「あの人ならどうするだろう？」

そう考えることで、うまくいかないパターンを変えることができます。

私は、子どもへの接し方を考えるときによくこの分身スイッチを使っています。子どもと接するのがとてもうまい友人の「佐藤スイッチ」。私が尊敬する人の「菅原スイッチ」。気配りの上手な「福田スイッチ」。いろんなスイッチを持っています。

ぜひ、あなたもいろんな分身スイッチを持ってみてください。そのスイッチの数だけ、問題解決の方法を選べます。

「あの人だったらどう接するだろう?」

「こんなとき、どんな言葉をかけるだろう?」

それがパターンを変える合言葉です。

おわりに　2つのお願い

この本で私がお伝えしたい方法はこれですべてです。

この中には、なんだか聞いたことがあるというものもあったかも知れませんし、なんじゃそりゃ？　と思われたものもあったかも知れません。

ここでご紹介した方法は、すべて私の経験から見つけた方法です。なるべく、多くの方に役立てていただけるものを選んで書いたつもりです。

中には、すぐに「あぁ、これやってみよう」「こうしたらうまくいくかも」と思えるものもあったかも知れませんし、反対に「これは私にはできないなぁ」と思うものもあったかも知れません。

それは当然のことだと思います。というのも私もこういった方法のすべてを、ひとりの子どもに使っているわけではありませんから。

「この子はどう接するといいだろう？」「こういうとき、この子には何を言ったらうまくいくのだろう？」そう考えながら、選んで使っています。

ですから、この中であなたのお子さんに合った方法を選んで使っていただければいいです。ひとつか2つでもいいです。そんな方法を見つけてもらえたら、それだけでも私は嬉しいです。

そして、最後に私から2つお願いがあります。

ひとつ目は、まずやってみて欲しい、ということです。

私はときどきお母さん方からこう言われます。

「大塚さん、よくそんな風に子どもに接することができるね～」

これ、考えてみるとても不思議です。もともと子どもに接することがうまかったわけでもありませんし、才能があったわけでもありません。それはここにも書いた多くの失敗を読んでいただければ分かると思います。

では、なぜこんな風にうまくいくようになったのか？

たぶんそれは失敗をしたからだと思っています。私は、この約10年間でものすごい数の失敗をしています。そして、そのおかげで、こうするとこうなっちゃうんだ。こういうときはこうしちゃダメなのか。ということを体で感じることができました。

私は、自信は経験からくると思っています。成功したから、だけではなく、失敗からも自信は生まれます。

失敗したら、「あぁ、自分ってここまでしかできなかったんだ」と自分の実力が分かります。それは、言い換えれば、「ここまではできるんだな」ということです。その「ここまで」が分かれば、「ここまで」は自信になります。

できれば、あなたにもいっぱい失敗をして欲しいと思っています。もちろん、その後には成功して欲しいと思っていますが（笑）。

そして、失敗のために、ぜひ試して、やってみて欲しいのです。

この本を読んで気づいたこと、こうしたらいいかも知れないと思ったアイデアは、きっと使う機会がくると思います。

もしかすると、今日かも知れないし、もっとずっと後、何カ月も経ってからかも知れません。

お子さんに対してかもしれないし、もしかすると旦那さんに対して、あなたのご両親や兄弟に対してかも知れません。

そのときには、ぜひ試してみて欲しいのです。やってみて欲しいのです。きっと、そこから新しい変化が起こります。

もうひとつのお願いは、そのうまくいった方法をお友達に教えてあげて欲しいのです。

「あのね、この間、本にこんなことが書いてあってね。それで試してみたら、ビックリ！　ちょっとだまされたと思ってやってみて」

そうすることで、そのお友達の天井もちょっとだけ高くできたらいいな、と思っています。

ここまでお読みただき、本当にありがとうございました。

最後に、とっても多くの人にお礼を言いたいのです。

小中高と国語の通知表が『1』ばかりだった私が、この本を書くことができたのは、多くの方に支えられて力をいただけたからです。

総合法令出版の齋藤忠さん、有園智美さん、お忙しい中なのに、いつも長話につき合っていただきありがとうございました。打ち合わせと証してほとんどが余談だった気がしますが、そのおかげで楽しく書き続けることができました。

また、多くのお母さんの子育てを参考にさせていただきました。海藻明代さん、福田潔子さん、平沢恭子さん、桑原修子さん、來田文香さん、あなたの愉快で痛快な、そして何より一生懸命な子育ては私に勇気と元気と笑顔を与えてくれました。

そして、多くの子どもたち。本文の中に登場した子ども以外にも、菜花さん、茉莉花さん、朗臣くん、美緒ちゃん、由貴ちゃん、菜都くん、百合香ちゃん、咲弥香ちゃん、乙乃ちゃん、一遥ちゃん、郁ちゃん、里咲ちゃん、絵理ちゃん、里穂ちゃん、美希ちゃん、里紅ちゃん、友哉くん、みんなのおかげでここに本ができ上がりました。

ありがとねっ☆

大塚隆司

【参考文献】

「子どもの心のコーチング」　菅原裕子著　リヨン社刊

「森・黒沢のワークショップで学ぶ 解決志向ブリーフセラピー」
森俊夫・黒沢幸子著　ほんの森出版刊

「月間学校教育相談 2009 年4月号」　ほんの森出版刊

大塚隆司　Takashi Otsuka

1969年生まれ、愛知県名古屋市出身。大阪教育大学教育学部卒。

財団法人生涯学習開発財団認定コーチ、NPO法人ハートフルコミュニケーション ハートフルコーチ、サンタフェNLP／発達心理学協会認定ＮＬＰプラクティショナー。

食品会社営業職を経て某有名学習塾に転職。約10年間で1000組以上の親子とかかわり、悪化してしまった親子関係をサポートしてきた。2006年からコーチング、ファシリテーション、ブリーフセラピーなどを学び、子どもと親とのコミュニケーションの特徴を見つける。現在は働く親の味方になるため、よりよい親子関係を作るための講演、ワークショップを各地で開催中。

また、家庭教師として子どもへのサポートを行う。

◆大塚隆司公式ホームページ
http://www.o-takashi.com/

◆大塚隆司家庭教師サイト
http://www.o-takashi.com/kateikyoushi/

【読者限定プレゼント】

「思春期の子と良好な親子関係をつくる5のコツ」（PDFファイル）をプレゼント!

本書では語りきれなかった子育てのコツが書かれたファイルを下記のURLからお申し込みいただけます。

ぜひ、ご利用ください

↓　↓　↓　↓　↓　↓　↓　↓　↓

読者限定プレゼント　URL

http://www.o-takashi.com/campaign/dokusya.html

※ PDFファイルはAdobe Readerというソフトウエアで開くことができます。お手持ちのパソコンにAdobe Readerが搭載されていない場合は、専門のウェブサイトで無料ダウンロードができます。ご利用ください。

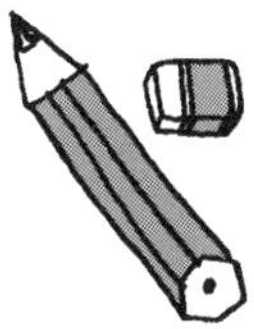

思春期の子が待っている親のひと言

心が見えてくる魔法のコミュニケーション

2009年11月7日　初版発行
2010年4月1日　3刷発行

著者　大塚隆司
発行者　野村直克
発行所　総合法令出版株式会社
〒107-0052　東京都港区赤坂1-9-15
日本自転車会館2号館7階
電話　03-3584-9821㈹
振替　00140-0-69059
印刷・製本　中央精版印刷株式会社

ISBN978-4-86280-173-9

総合法令出版ホームページ　http://www.horei.com/